U0640927

现代民营企业行政管理理论及应用探究

刘海波　著

中国财富出版社有限公司

图书在版编目（CIP）数据

现代民营企业行政管理理论及应用探究／刘海波著 . — 北京：中国财富出版社有限公司，2023. 12

ISBN 978 - 7 - 5047 - 8043 - 0

Ⅰ. ①现…　Ⅱ. ①刘…　Ⅲ. ①民营企业—企业管理—行政管理—研究—中国　Ⅳ. ①F279. 245

中国国家版本馆 CIP 数据核字（2024）第 012078 号

| 策划编辑 | 李　伟 | 责任编辑 | 田　超　张天穹　汪晨曦 | 版权编辑 | 李　洋 |
| 责任印制 | 梁　凡 | 责任校对 | 庞冰心 | 责任发行 | 黄旭亮 |

出版发行	中国财富出版社有限公司		
社　　址	北京市丰台区南四环西路 188 号 5 区 20 楼	邮政编码	100070
电　　话	010 - 52227588 转 2098（发行部）	010 - 52227588 转 321（总编室）	
	010 - 52227566（24 小时读者服务）	010 - 52227588 转 305（质检部）	
网　　址	http://www.cfpress.com.cn	排　　版	宝蕾元
经　　销	新华书店	印　　刷	北京九州迅驰传媒文化有限公司
书　　号	ISBN 978 - 7 - 5047 - 8043 - 0/F·3628		
开　　本	710mm × 1000mm　1/16	版　　次	2024 年 5 月第 1 版
印　　张	11. 25	印　　次	2024 年 5 月第 1 次印刷
字　　数	208 千字	定　　价	54. 00 元

版权所有·侵权必究·印装差错·负责调换

前　言

《现代民营企业行政管理理论及应用探究》这本图书较为全面地涵盖了现代民营企业行政管理领域的重要内容，包括民营企业行政管理的特点、行政接待工作、行政协调文秘工作、团队建设、信息化建设、风险管理以及案例分析等方面。本书旨在为企业领导者、管理者和从事行政管理研究的学者进行深入探讨提供参考，帮助他们更好地理解和应用现代民营企业行政管理的理论并进行实践。第一，本书将着重介绍民营企业行政管理的特点。民营企业作为经济发展的重要力量，其行政管理面临着独特的挑战和机遇。我们将分析民营企业在市场环境、组织结构、决策机制等方面的特点，帮助读者深入了解民营企业行政管理的基本特征。第二，本书将深入研究民营企业行政接待工作。行政接待是展示企业形象的重要窗口，也是外部交流的重要环节。我们将探讨如何建立高效的行政接待体系，提升客户满意度和企业形象。第三，本书将探讨民营企业行政协调文秘工作。行政协调文秘工作在企业运营中发挥着重要作用，涉及文件管理、会议协调、信息传递等方面。我们将深入剖析文秘工作的要点和技巧，帮助企业实现高效的协调和沟通。第四，本书将关注民营企业行政管理团队建设。优秀的管理团队是企业成功的关键因素。我们将介绍团队建设的理论和实践，探讨如何打造高效、协调的行政管理团队。第五，本书将研究民营企业行政管理的信息化建设。随着数字化时代的到来，信息化建设对企业管理产生了深远的影响。我们将分析如何利用信息技术提升行政管理的效率和效果。此外，本书还将探讨民营企业行政管理的风险管理。企业面临着各种内外部风险，行政管理的风险防范至关重要。我们将介绍风险管理的理论和实践，帮助企业有效应对各类风险。第六，本书将提供多个民营企业行政管理的实际案例分析，深入探讨这些企业在行政管理方面的成功经验和失败教训。通过这些案例，读者可以更好地理解和应用现代民营企业行政管理的理论和实践。总体而言，本书将为读者提供一本系统且实用的现代民营企业行政管理理论与应用的参考书，旨在帮助企业在激烈的竞争中保持优势，实现可持续发展。

目 录 CONTENTS

第一章
民营企业行政管理概述

民营企业行政管理具有灵活性、创新性、去中心化和高效性等特点。这些特点使得民营企业能够更快地适应市场变化和创造新机遇，以提高竞争力和效率。此外，责任心和激励机制也在民营企业行政管理中起到关键作用，能够激发员工的积极性和贡献度。然而，民营企业在行政管理过程中也面临一些挑战。其中，资金和资源限制是一个主要挑战，因为民营企业通常规模较小，需要合理规划和分配有限的资源。人才和管理能力也是一个重要挑战，招聘和培养优秀的人才，并提升管理水平对于民营企业的发展至关重要。此外，法律和政策环境、市场竞争和经验不足也是民营企业行政管理中需要应对的挑战。本章就民营企业行政管理的概念、特点、挑战等进行分析。

第一节　行政管理的概念和特点

行政管理是运用国家权力对社会事务以及自身内部进行管理的一种活动。行政管理还可以泛指一切社会组织、团体对有关事务的治理、管理和执行的社会活动。它是组织内部管理的核心部分，通过制订计划、指导员工、监督执行等手段实现组织目标。行政管理的特点包括以下几个方面。

一、组织性

行政管理中的组织性是指行政机构和组织具有明确的结构和层级关系，各部门和成员按照一定的职责分工进行协调合作，以实现组织整体目标。在行政管理中，组织性的体现是非常重要的，它保证了行政机构的高效运转和有效决策，主要体现在以下几个方面。首先，行政管理建立了明确的组织结构。这包括各个部门、岗位和职责的划分，形成了一个有序的组织框架。通过建立明确的组织结构，行政管理确保了各个部门和岗位之间的协调合作，避免了职责的重叠和混淆。其次，行政管理实现了分工和协作。各个部门和岗位按照其职责进行合理的分工，相互之间协调合作，实现工作的高效运转。分工明确可以确保每个岗位都有明确的职责和任务，避免了工作的混乱和冲突。然后，行政管理建立了明确的层级体系。这样形成了上下级的关系和权责的划分，实现了信息的传递和决策的递进。上级领导可以对下级进行指导和监督，而下级可以向上级汇报工作和反馈情况。此外，行政管理通过制定指令和规章制度，指导员工的工作行为，确保工作按照规定的程序和要求进行。行政管理赋予各级管理者相应的职权，并对其负有相应的责任，形成权责对应的关系。这样可以确保工作的合法性和合规性。组织性的体现还包括协调与沟通。行政管理强调各个部门和岗位之间的协调和沟通，促进信息的共享和资源的共同利用。这有助于提高工作效率，推动组织的发展。最后，组织性的体现还包括公开透明。行政管理需要公开透明地工作，确保决策和行为公正公平，并接受各方的监督，这有助于增强组织的公信力和形象。

由此可知，组织性在行政管理中的体现使得行政机构更加有序、高效，确保组织的各项活动和决策都能朝着既定目标稳步推进。同时，良好的组织性也为员工提供了明确的工作框架和发展路径，增强了组织的凝聚力和稳定性。

二、系统性

行政管理中的系统性是指行政管理活动在整体上具有完整性和一体性的特点。行政管理建立了完整的组织体系，包括各个部门、岗位和职责的划分，形成了一个有序的组织框架。这些组织之间相互联系、相互依赖，形成了一个统一的整体。决策体系是行政管理的重要组成部分，行政管理的决策是在整体上协调一致的。各级管理者通过协商和沟通，形成共识，确保决策的一致性和有效性。行政管理实行层级监督和全面监督相结合的管理体系，确保上下级之间的监督和监管环环相扣，形成一个相互协调的监督体系。行政管理建立了完整的工作流程，将各个环节有机地联系在一起，确保工作的连贯性和高效性。行政管理强调各个部门和岗位之间的协调和沟通，促进信息的共享和资源的共同利用，形成一个信息共享的整体。行政管理明确了整体目标和各项具体目标之间的关系，各项工作都要围绕整体目标来进行，确保整个组织朝着共同的方向努力。

综上所述，行政管理中的系统性体现在整个行政管理活动的完整性、一致性和协调性。这种系统性确保了行政管理的有效运转和整体效能，促进了组织的稳定发展和协调发展。

三、综合性

行政管理中的综合性是指行政管理活动涉及多个方面、多个层面，需要综合考虑各种因素和利益，以达成全面的目标。在行政管理过程中，决策者需要综合各种信息和数据，进行全面的分析和评估，从而制定出综合性的政策和计划。将各项管理活动有机地结合在一起，形成一个完整的系统。这些政策和计划涉及多个领域，包括经济、社会、环境等，以保障全面的发展和社会的稳定。同时，行政管理也需要协调各部门和机构之间的合作，以实现整体的目标和利益最大化。这就要求行政管理者具备全局观和协调能力，能够将不同部门和机构的资源有效整合，推动各方合力解决问题。

综合性主要体现在以下几个方面。第一，行政管理涉及多个学科领域，包括政治学、经济学、法律学、社会学等。综合性要求行政管理者具备跨学科的综合知识和能力，从不同学科角度综合考虑问题，制定全面有效的管理策略。第二，综合性要求行政管理者在管理过程中兼顾各种利益关系，协调各方利益，确保各项管理措施的一致性和有效性。在决策时要权衡各种因素，找到最佳平衡点。第三，综合性要求行政管理者进行整体规划，将各项管理活动有机地组织起来，形成一个统一的整体。整体规划可以避免管理活动之间的冲突和重复，提高管理效率。第四，综合性要求行政管理者具备系统思维的能力，能够将管理问题看作一个系统，分析系统的结构和相互关系，从整体上把握问题，找到系统的优化解决方案。第五，综合性要求行政管理者具备全局观念，能够从整体上看待管理问题，不局限于个别细节，以全局利益为出发点，作出符合全局利益的决策。

综合性还体现在行政管理需要统筹兼顾不同的利益主体，包括政府、企业、社会组织和公众等。政府作为行政管理的主体，需要平衡各方利益，促进利益共享，推动社会和谐稳定发展。同时，政府还需要依法行政，综合考虑各种利益诉求，作出公平公正的决策。综合性的行政管理能够使政府更加高效和灵活地运行，更好地应对各种复杂的问题和挑战，从而为社会的持续发展和进步提供有力支撑。

总之，综合性是行政管理的重要特点之一，它要求决策者具备全局观和协调能力，能够综合各种因素和利益，作出全面的决策和规划。同时，综合性的行政管理也需要统筹兼顾不同的利益主体，促进各方共赢和社会和谐。综合性的行政管理能够提高政府的决策效率和执行能力，推动社会的持续发展和进步。

综合性在行政管理中是非常重要的，它有助于提高管理效率和决策质量，确保管理活动的顺利进行。行政管理者要善于运用综合性思维，处理好各种复杂的管理问题，推动组织和社会的发展与进步。

四、灵活性

行政管理中的灵活性是指管理者在应对各种不确定性和变化时，能够迅速调整和制定管理措施，以适应不同的情况和需求。灵活性是行政管理的重要特点，它要求管理者具备灵活变通的能力，能够灵活应对各种挑战和变化，保持管理活动的适应性和敏捷性。在行政管理中，灵活性主要体现在以下几个方面。第一，灵活性要求管理者在面对复杂多变的管理环境时，能够及时调整管理策略和方法。管理环境中存在着各种不确定性因素，如经济形势的波动、市场需求的变化、竞争格局的调整等，管理者要能够敏锐地捕捉到这些变化，及时作出相应的调整。第二，灵活性要求管理者在处理管理问题时，能够根据具体情况采取不同的管理措施。不同的问题可能需要不同的解决方法，管理者要具备辨别问题本质和灵活运用各种管理工具的能力。第三，灵活性要求管理者能够快速作出决策，并勇于承担决策带来的风险。在快节奏的管理环境下，管理者必须迅速作出决策，不能拖延时间，同时要敢于承担决策可能带来的风险。第四，灵活性要求管理者能够善于变通，灵活应对各种复杂情况。在管理过程中，可能会出现各种问题和挑战，管理者要能够灵活变通，善于寻找解决问题的方法。第五，灵活性要求管理者具备学习和适应能力，不断提高自身的管理水平和能力。管理环境不断变化，新的管理理念和方法不断涌现，管理者要有意识地不断学习和适应，以保持自身的竞争力和创造力。

总体而言，行政管理中的灵活性是管理者应对复杂多变环境的一种能力，它有助于提高管理者的适应性和应变能力，保持组织的竞争力和创新力。灵活性是现代行政管理中不可或缺的一项素质，对于管理者来说具有重要意义。

五、民主性

行政管理中的民主性是指在组织和管理活动中，注重广泛地参与民主活动和决策过程的民主化。民主性是现代行政管理的基本原则之一，它强调在决策和执行过程中应当充分尊重和听取各方的意见和建议，让利益相关者参与决策，实现管理过程的公开、透明和民主。在行政管理中，民主性主要体现在以下几个方面。第一，决策的民主化，即在制定政策和管理措施时，应该广泛听取各方的意见和建议，通过民主程序来进行决策。管理者应当与利益相关者进行充分的沟通和协商，确保决策能够反映各方的意愿和诉求。第二，参与的民主化，民主性要求广泛地让各方参与到管理决策中来，包括政府机构、企业组织、民间社会组织、公众等。通过公众听证、征求意见等形式，让民众参与到决策过程中，增加决策的合法性和可行性。第三，行政决策的公开透明，民主性要求行政决策过程公开透明，让公众了解决策背后的考虑和依据，增加政策的合理性和公信力。第四，责任的追求，民主性要求管理者在决策和执行过程中，要对公众负责，对决策结果负责。在决策出现问题时，要勇于承担责任，并及时纠正和调整。第五，监督的加强，民主性强调加强对行政管理的监督和评估，让社会各界对行政管理活动进行监督，防止权力滥用和腐败现象的发生。

总体而言，行政管理中的民主性是一种价值追求和原则，它旨在保障各方利益的合理化诉求和参与权利，实现公共事务的公平、公正和效能全面提升。民主性是现代行政管理的重要特点，对于维护社会稳定和推动社会进步具有重要意义。

六、高效性

行政管理中的高效性是指在行政组织的运行和管理过程中，追求高效率、高产出和高绩效的目标。高效性是现代行政管理的重要原则之一，它强调通过科学合理的管理方法和手段，以最少的资源和时间实现最大的产出和效益。在行政管理中，高效性主要体现在以下几个方面。第一，流程优化是提高行政管理效率的重要途径。通过优化行政管理的流程，消除冗余和重复环节，简化审批程序，可以大大提高办事效率。流程优化还可以减少不必要的延误，使行政组织的工作更加顺畅和高效。第二，信息化支持是实现高效行政管理的重要手段。采用信息化技术和系统，可以实现信息共享和流通，提高信息获取和处理的速度，加快决策和执行的效率。信息化支持还可以提高管理活动的透明度和准确性，降低管理活动的风险。第三，绩效导向是推动高效行政管理的重要机制。建立绩效评估和激励机制，明确目标和责任，可以激发相关人员的工作积极性，提高工作效率。绩效导向还可以促进组织的学习和进步，不断优化管理过程，提高管理的效能。第四，管理创新是实现高效行政管理的重要途径。鼓励管理创新，引进先进的管理理念和方法，可以提高组织和管理的灵活性和适应性，增强行政组织的竞争力和应变能力。第五，合理配置资源是实现高效行政管理的基础。合理配置资源，确保资源的有效利用，避免资源的浪费和滥用，是提高行政管理效率的关键。资源合理配置还可以保障行政组织的可持续发展。第六，自动化和智能化应用是推进高效行政管理的新动力。推广自动化和智能化技术，如人工智能、大数据分析等，可以提高行政管理的智能化水平，提高决策和执行的准确性和效率。第七，培训和人才发展是实现高效行政管理的重要保障。加强人才培训和发展，提高员工的专业水平和管理能力，是增强组织的创造力和执行力的重要手段。

综上所述，高效性是现代行政管理的核心要素之一。通过流程优化、信息化支持、绩效导向、管理创新、资源合理配置、自动化和智能化应用、培训和人才发展等手段，可以实现行政管理的高效运行，提高行政组织的综合竞争力和应对复杂挑战的能力。高效性是行政管理适应快速变化的外部环境和推动改革发展的重要保障，对于促进社会经济的可持续发展和提升治理水平具有重要意义。

七、长期性

行政管理中的长期性是指在行政组织的运行和决策中，考虑并谋划长期发展目标和战略，持续推进改革和发展，追求可持续发展的目标。长期性是现代行政管理的重要原则之一，它强调在解决当前问题的同时，不能忽视长期发展和未来的影响，注重长远规划和持续改进。在行政管理中，长期性主要体现在以下几个方面。第一，长远目标指明了行政组织未来的发展方向和目标，通过设定明确的长期发展目标，指导行政组织的决策和行动，确保其发展是有方向和导向的。第二，长期规划是指在一定时间范围内制定具体的实施方案和策略。通过制定长期规划，明确行政组织的发展路径和步骤，确保其在未来的发展中有条不紊、持续稳定。第三，长期决策是指在解决问题和推进事务时，考虑长期影响和后果。在作出决策时，要充分考虑长远利益，避免短期行为对长期发展造成不利影响。第四，持续改进是指在行政管理过程中不断进行优化和改革。通过持续改进，不断提高行政管理的效率和效能，适应外部环境的变化和需求的变化。第五，风险预防是指在行政管理过程中预防可能出现的长期风险和问题。通过风险预防措施，防范潜在的风险和危机，确保行政组织的长期稳健发展。第六，人才培养是实现长期性的重要保障。加强人才培养和发展，培养具有长远眼光和战略思维的管理人才，是确保行政组织长期发展的重要手段。第七，社会责任是行政管理长期性的重要体现。行政组织要承担起社会责任，关注社会问题，为社会的长期发展作出贡献。

由此得到，长期性是现代行政管理的核心要素之一。通过设定长远目标、制定长期规划、作出长期决策、持续改进、风险预防、人才培养和社会责任承担等方式，可以实现行政管理的长期稳定和可持续发展。长期性是行政管理适应快速变化的外部环境和推动改革发展的重要保障，对促进社会经济的可持续发展和提升治理水平具有重要意义。

第二节　民营企业行政管理的特点和挑战

一、民营企业行政管理的特点

（一）灵活性和创新性

民营企业行政管理的特点之一是灵活性和创新性。这些特点是由民营企业的组织结构和经营理念所决定的。首先，民营企业通常拥有相对简单的组织结构，决策层级较少，使得决策过程更加快速和高效。这种快速决策能力使得企业能够更迅速地把握市场机遇和应对挑战。其次，灵活性是民营企业的一大优势，他们能够快速适应市场的变化，对新的市场需求和趋势作出及时调整。这使得他们在市场竞争中更具有优势。此外，民营企业通常鼓励员工的创新和创造性思维，鼓励他们提出新的想法和解决方案。这种创新意识增强了企业的创新能力，推动企业不断发展和壮大。另外，民营企业在用人方面更加灵活，更注重员工的能力和潜力，而不是仅看重学历和工作经验。这样的用人机制能够吸引更多有才华的人才加入企业，并激发员工的工作热情。此外，由于民营企业的组织结构相对扁平化，信息传递更加迅速和透明，员工更容易了解企业的战略和决策，能够更好地参与到企业管理中。

总体而言，灵活性和创新性是民营企业行政管理的显著特点。这些特点使得民营企业在快速变化的市场环境中更具有竞争力，并能够不断创新和发展。

（二）去中心化

民营企业行政管理的另一个特点是去中心化。相比于传统的大型企业，民营企业通常具有更加扁平化的组织结构和决策体系。在民营企业中，权力和决策往往更加分散，不依赖于少数高层领导。这种去中心化的特点带来了一系列优势和挑战。首先，去中心化的行政管理使得民营企业的决策更加灵活和快速。因为权力分散，各级管理人员更容易迅速作出反应，并根据市场变化和需求作出相应调整。这使得企业在竞争激烈的市场中更具有敏捷性和竞争力。其次，去中心化的特点促进了企业员工创新和创造性思维的发展。在民营企业中，员工更有可能参与到决策和管理中，他们的意见和想法更容易被采纳。这种开放的企业文化激发了员工的创新精神，使得企业更加有活力和竞争力。然而，去中心化的行政管理也带来了一些挑战。首先，由于权力分散，可能出现决策不一致或不协调的情况，这可能导致企业内部的混乱和不稳定。其次，去中心化可能会导致管理不规范和信息不畅通。在权力分散的情况下，必须建立良好的沟通机制和协调机制，以确保企业的管理效率和一致性。

综上所述，去中心化是民营企业行政管理的一个重要特点，它虽然带来了灵活性和创新性的优势，但也需要解决一些管理上的挑战。对于民营企业来说，合理利用去中心化的优势，同时规避其潜在的弱点，是实现持续发展和成功的关键。

（三）高效性

民营企业行政管理的另一个特点是高效性。相比于大型国有企业，民营企业通常更加注重效率和执行力。在行政管理中，高效性体现在以下几个方面。首先，民营企业通常拥有更加简洁和灵活的组织结构。决策路径短，权责明确，信息传递迅速，这有助于避免决策滞后和信息传递不畅的问题，从而提高管理的效率。其次，民营企业在人员选拔上更加注重能力和绩效。民营企业倾向于雇用高素质的员工，并为他们提供更多的激励机制。这样可以保证企业的管理层和员工都更有动力和效率进行工作，从而提高企业的整体运营效率。此外，民营企业在资源配置上也更加高效，他们通常更加注重成本控制和资源的优化利用，这使得企业在生产和经营过程中更加追求精益求精，提高了生产效率和经济效益。然而，高效性的背后也有一些问题。一方面，为了追求效率，可能忽视一些长期发展和可持续性的问题；另一方面，过分追求效率可能导致员工的过度压力和过重的工作负担，影响员工的工作积极性和健康。

　　综上所述，高效性是民营企业行政管理的一个重要特点，它带来了灵活和快速的管理优势，但也需要平衡好效率和可持续性之间的关系。对于民营企业来说，高效的行政管理是实现竞争优势和持续发展的关键。

（四）责任心和激励机制

　　另一个民营企业行政管理的特点是责任心和激励机制。在民营企业中，所有权和经营管理权通常集中在一些核心创始人或高管团队手中，他们通常具有高度的责任心和事业心。这种责任心使得他们更加关注企业的长远发展和利益，愿意承担更多的责任和风险，同时也更愿意为企业的成功而努力。此外，民营企业通常采用更加灵活和多样化的激励机制来激发员工的积极性和创造力。他们可能提供股权激励计划，让员工分享企业的成长和成功所带来的回报；也可能提供绩效奖金和福利待遇，鼓励员工在工作中有更好的表现。这种责任心和激励机制使得民营企业的员工通常更有主人翁意识和归属感，他们更愿意主动承担责任，积极参与企业的经营管理，为企业的发展贡献自己的力量。然而，责任心和激励机制也面临一些挑战。一方面，过度的责任心可能导致企业创始人或高管团队过于集中决策权，缺乏有效的监督和制衡机制，增加企业经营的风险。另一方面，不合理的激励机制可能导致员工过度追求短期利益，忽视了企业的长期和持续性发展。

　　因此，在民营企业的行政管理中，厘清责任心和激励机制的关系非常重要。合理的激励机制能够激发员工的积极性和创造力，推动企业的创新和发展，同时，建立有效的监督和制衡机制，确保决策的科学性和公正性，是确保企业持续稳健发展的关键。

（五）精细化管理

　　另一个民营企业行政管理的特点是精细化管理。由于民营企业通常规模较小，决策权集中在少数核心管理人员手中，因此他们能够更加灵活和迅速地作出决策，实施精细化管理。这种管理模式意味着企业能够更加细致地对各个方面进行管理，包括生产流程、人员安排、资源配置、财务管理等，以达到最优化的效果。在精细化管理下，民营企业能够更好地满足市场需求，快速调整产品和服务的定位，更加灵活地响应市场变化。他们能够更好地把握客户需求，提供符合市场需求的产品和服务，从而获得竞争优势。此外，精细化管理也有助于提高企业的效率和生产力。通过细致的管理和优化生产流程，民营企业能够更高效地利用资源，提高生产效率，降低成本，增强盈利能力。然而，精细化管理也面临一些挑战。由于决策权集中在少数管理人员手中，如果管理层的决策出现错误或失误，可能会对企业产生较大的影响。因此，在精细化管理下，建立健全的信息反馈和监控机制非常重要，能够提高决策的准确性和科学性。另外，由于精细化管理通常要求对企业各个方面进行精密把控，对管理人员的要求也较高，他们需要具备较强的执行力和决策能力，能够快速作出准确的决策，处理好各种复杂的问题。

综合来看，精细化管理是民营企业行政管理的一大特点，它能够帮助企业更好地适应市场变化，提高效率和竞争力，但同时也需要建立科学的监控和反馈机制，确保决策的准确性和可行性。

二、民营企业在行政管理过程中的挑战

（一）资金和资源限制

民营企业行政管理在其独特的经营环境下，具有一些显著的特点，且面临一些挑战。首先，民营企业行政管理表现出灵活性和创新性。相较于大型国有企业或跨国公司，民营企业通常规模较小，管理结构较为简单，因此在管理过程中更加灵活。它们能够快速响应市场变化和业务需求，迅速作出决策，从而增强了企业的应变能力和市场竞争力。其次，民营企业行政管理展现出去中心化的特点。在许多民营企业中，权力较为分散，决策过程更加扁平化，这使得企业能够更快地对市场需求和客户要求作出反应，减少了层级管理带来的冗余和烦琐，提高了决策效率。同时，高效性也是民营企业行政管理的显著特点。由于民营企业在资源和资金上相对有限，它们通常倾向于简化管理流程，以减少冗余环节，提高管理效率，这种高效性使得民营企业能够更加专注于核心业务和客户需求，迅速响应市场变化。另外，民营企业在行政管理中注重责任心和激励机制。由于企业规模相对较小，员工之间的联系较紧密，民营企业通常

能够更好地激发员工的责任心和归属感。同时，它们也倾向于建立灵活多样的激励机制，如绩效奖励、股权激励等，以吸引和留住人才，推动企业的发展。然而，民营企业行政管理也面临一些挑战。首先，资金和资源限制是一大挑战。相较于大型企业，民营企业通常资金和资源有限，这可能影响其在行政管理方面的投入和发展。其次，由于去中心化的特点，民营企业在管理过程中可能存在协调和沟通不足的问题，这可能导致管理决策的一致性和协调性有所欠缺。此外，由于民营企业通常处于市场竞争较为激烈的环境中，其行政管理也需要面对市场压力和竞争的挑战。

总体来说，民营企业行政管理在其独特的经营环境下，展现出灵活性、去中心化、高效性等特点。然而，它们也需要应对资金和资源限制等挑战，以确保管理的持续发展和卓越绩效。在面对挑战的同时，民营企业可以通过创新和合理的管理策略，不断提升行政管理的水平，增强企业的竞争力和可持续发展能力。

（二）人才和管理能力

民营企业在行政管理过程中的特点主要体现在灵活性和创新性上。相较于大型国有企业，民营企业通常规模较小，组织结构相对扁平，决策路径短，因此在决策和执行过程中更加灵活和迅速。这种灵活性使得民营企业能够更好地适应市场快速变化的需求，更灵活地调整经营战略和业务布局。同时，由于民营企业一般由创始人或企业家创办和经营，具有较强的创业精神和创新意识。他们通常敢于冒险，乐于尝试新的商业模式和管理方法，不拘泥于传统规范，更加注重自主创新和个性化发展。这种创新性使得民营企业在市场竞争中能够脱颖而出，寻找到独特的竞争优势。然而，在灵活性和创新性的背后也存在一些挑战。灵活性可能导致决策过于主观，缺乏科学的数据支持和规范的决策流程。创新性虽然有助于企业在市场中获得竞争优势，但是也可能伴随着较高的风险和不确定性。因此，民营企业需要在灵活性和创新性与规范性和稳健性之间找到平衡，建立科学、规范、有效的行政管理体系，以确保企业的稳健运营和持续发展。在面对市场竞争和外部环境的变化时，民营企业需要不断适应和调整自己的经营策略，加强市场调研和前瞻性规划，及时捕捉市场机遇。同时，还需要积极培养创新意识和创新能力，鼓励员工提出新的想法和建议，并将创新融入企业的文化和价值观中。

总体而言，民营企业在行政管理中的灵活性和创新性是其突出的特点，使得他们能够在市场竞争中获得优势。然而，灵活性和创新性也带来一些挑战，需要企业在管理过程中加强规范性和稳健性，确保企业的持续发展和成功。

（三）法律和政策环境

民营企业在行政管理过程中面临着法律和政策环境的挑战。由于法律和政策环境对企业经营活动有直接影响，民营企业必须不断适应并遵守不同层面的法律法规和政策要求。这种法律和政策环境的挑战表现在多个方面。第一，不确定性是一个常见的挑战。法律和政策环境的变化可能会导致法规和政策的频繁调整和更新，给企业经营带来不确定性。民营企业需要时刻关注政策变化，并及时调整自己的经营策略和行为，以避免因为法律规定改变而导致的风险。第二，不公平对待也是一个值得关注的问题。在某些地区或行业，由于政策执行不公平或对不同企业有不同的约束和优惠措施，可能导致民营企业受到不公平对待。这可能使得民营企业在市场竞争中处于不利地位，影响其发展和竞争力。第三，行政审批和监管也是一个挑战。民营企业可能面临着烦琐的行政审批和监管程序，这可能会增加企业的运营成本和时间成本。与此同时，一些地方的官员可能会滥用权力，对企业造成额外的困扰。第四，法律合规要求也是一个重要的挑战。法律合规是企业行政管理的基本要求，但对于一些民营企业来说，可能因为缺乏专业知识和资源，难以满足复杂的法律合规要求，这可能会使企业面临法律风险和处罚。第五，产权保护也是一个关键问题。在一些地区，民营企业可能面临着产权保护不完善的问题，包括知识产权和财产权，这可能导致企业的创新积极性受到影响，甚至面临知识产权侵权等问题。

面对这些挑战，民营企业需要采取一系列措施来加强行政管理和法律合规性。首先，企业需要建立健全内部管理体系，确保自身遵守法律法规，合规经营。其次，积极参与政策制定和政策宣传，争取政策的公平对待。此外，加强与政府部门以及相关机构的沟通和合作，共同推动优化法律和政策环境的进行，为民营企业创造更好的发展环境。同时，民营企业还可以寻求专业法律服务和法律咨询，以确保企业的合法权益得到保障。通过以上措施，民营企业可以更好地应对法律和政策环境的挑战，保持持续稳定的发展。

（四）市场竞争

民营企业在行政管理过程中面临着市场竞争的挑战。市场竞争是企业经营中普遍存在的现象，对于民营企业来说，由于其规模相对较小和资源有限的特点，在市场竞争中可能会面临以下挑战。首先，市场竞争可能导致价格战和利润压缩。为了争夺市场份额，一些企业可能会采取价格竞争的策略，导致产品价格不断下降，从而压缩企业的利润空间。其次，市场竞争可能加大企业的经营风险。由于市场竞争激烈，一些企业可能会冒险进行高风险的经营活动，这可能会导致经营风险增加，甚至导致企业面临破产的风险。再次，市场竞争可能导致产品同质化现象严重。在激烈的市场竞争中，一些企业为了迎合市场需求，可能会推出类似的产品，导致产品同质化现象，使得企业在市场上缺乏竞争优势。最后，市场竞争还可能导致人才流失。一些优秀的员工可能会受到市场竞争的影响而离开企业寻求更好的机会，这可能会导致企业出现人才流失问题。

（五）经验不足

民营企业在行政管理过程中面临着经验不足的挑战。相比于大型国有企业或跨国公司，许多民营企业可能是刚刚起步或者相对年轻的企业，缺乏充足的行政管理经验和资源，这可能导致以下一些挑战。首先，缺乏成熟的管理体系和制度。由于经验不足，一些民营企业可能缺乏健全的管理体系和规范的管理制度，导致管理混乱或者不完善。其次，管理团队和员工的管理经验有限。在一些民营企业中，管理团队和员工可能缺乏充足的管理经验和培训，这可能导致管理能力不足，难以应对复杂的管理问题。再次，决策不够科学和精准。由于缺乏经验，一些民营企业在决策过程中可能较为主观，缺乏科学和精准的数据支持，导致决策风险增加。最后，缺乏行业洞察和市场分析能力。经验不足的民营企业可能较难进行深入的行业洞察和市场分析，从而难以准确把握市场动态和发展趋势。

第三节　行政管理与企业战略的关系

行政管理与企业战略有着密切的关系，两者相互支持、相互影响，共同决定着企业的发展方向和运营效率。以下是行政管理与企业战略之间的关系。

一、战略制定与执行

行政管理与企业战略的关系中，战略制定与执行是一个核心环节。行政管理负责对企业内外部环境进行分析，收集和整理相关数据，协助高层管理层确定企业的愿景、使命和长期目标，进而制订战略计划。行政管理在战略制定过程中协助管理层明确具体的战略目标和短期目标，通过制定可量化的指标和目标，确保战略目标的可操作性和可衡量性。

在战略执行阶段，行政管理负责将战略计划转化为具体的行动计划，并协助各部门制订详细的实施方案。行政管理通过资源的配置、人员的培训和指导，推动战略的有效执行。同时，行政管理起到组织协调的作用，确保各个部门和团队之间的合作与配合，协调资源的分配和使用，以确保战略目标的顺利实现。

行政管理在战略执行过程中还负责制定绩效评估和监控机制，对战略执行过程进行监督和反馈。行政管理能够及时发现问题和风险，并协助管理层采取相应的调整措施。此外，行政管理在战略执行过程中不断优化和改进管理方式和流程，通过经验总结和反馈信息，提供管理改进的建议和方向，以确保战略执行的持续性和有效性。

总体而言，行政管理是企业战略制定和执行过程中的重要环节，它通过有效的组织、协调和监督，确保战略目标的顺利实现，促进企业持续发展。行政管理和企业战略密切结合，共同构建企业的成功之路。战略制定与执行是企业战略与行政管理相互支持、相互促进的关键环节，两者紧密结合，使企业战略在实施过程中得到有效落实和持续优化。

二、资源配置与优化

行政管理与企业战略的关系中，资源配置与优化是一个重要方面。在企业战略制定阶段，行政管理负责对企业的各类资源进行全面的调研和评估，包括财务资源、人力资源、物资资源等。行政管理通过数据分析和预测，为企业战略制定提供合理的资源配置建议，确保战略目标的可行性和可持续性。

一旦企业战略确定，行政管理负责将战略目标转化为具体的资源需求，并协助管理层合理分配资源。行政管理在资源配置过程中注重协调各个部门之间的需求和利益，确保资源的合理分配，避免资源的浪费和冗余。

在战略执行阶段，行政管理负责对资源的优化和调整。根据战略目标的变化和市场环境的变化，行政管理及时调整资源配置方案，确保资源的有效利用和优化。

行政管理还负责监控和评估资源的使用效率，通过绩效评估和反馈机制，及时发现资源配置中存在的问题和短板，提出改进措施，推动资源的不断优化。

总体而言，行政管理与企业战略的关系中，资源配置与优化是一个相互促进、相互支持的过程。行政管理通过科学的资源调研和分析，为企业战略制定提供依据和支持，确保战略目标的可行性；而在战略执行阶段，行政管理则负责将战略目标转化为具体的资源需求，并协助管理层合理分配资源，推动战略的顺利实施。通过优化和调整资源配置，行政管理确保企业在竞争中处于有利地位，实现持续发展。因此，资源配置与优化是行政管理与企业战略密切相关的重要环节。

三、组织协调与沟通

行政管理与企业战略的关系中，组织协调与沟通是至关重要的环节。在企业战略制定阶段，行政管理起着组织协调的作用，通过与各个部门和团队进行有效的沟通和协调，确保战略目标的传达和理解，促进全员对战略的共识和支持。

在战略制定过程中，行政管理负责建立有效的组织结构和管理体系，明确各部门的职责和任务，确保各个环节的衔接和配合，使战略目标能够有序推进。

在战略执行阶段，行政管理则发挥着促进和推动的作用，通过有效的沟通渠道和协调机制，确保战略的落实和执行。行政管理负责将战略目标转化为具体的行动计划，并向各部门和团队传达，确保各个层级的人员了解自己的任务和责任，以及如何与整体战略保持一致。

组织协调与沟通还涉及对战略执行过程中的问题和挑战进行及时的反馈和解决等。行政管理负责收集各个部门的反馈意见和问题，及时进行整理和汇总，并向管理层报告，以便及时调整战略实施方案。

在战略执行过程中，行政管理还需要确保各个部门和团队之间的信息流畅和沟通畅通，协调解决各种资源和决策问题，以确保战略目标的顺利实现。

总体而言，组织协调与沟通是行政管理与企业战略密切相关的重要环节。行政管理通过有效的组织结构和管理体系，确保战略目标有序推进。同时，通过有效的沟通渠道和协调机制，能够促进战略的顺利实施，及时解决问题和挑战，推动企业的持续发展。因此，组织协调与沟通是行政管理与企业战略密切相关的重要环节。

四、监督与控制

行政管理与企业战略的关系中，监督与控制是至关重要的环节。在企业战略制定阶段，行政管理起着监督与控制的作用，通过建立有效的管理体系和监测机制，确保战略目标的合理性和可行性，避免过于冒进或保守的战略决策。

在战略制定过程中，行政管理需要对战略目标进行定期的监督与评估，确保战略目标的实现进度和效果。通过制订关键绩效指标和执行计划，行政管理能够对各个部门和团队的工作进行跟踪和控制，确保战略目标的顺利实施。

在战略执行阶段，行政管理则发挥着监督与控制的作用，通过对战略执行过程的监测和评估，及时发现问题和挑战，采取相应的措施进行调整和纠正。行政管理负责收集和整理各个部门的执行情况，向管理层报告，以便及时调整战略实施方案。

监督与控制还涉及对资源的合理配置和利用进行把控。行政管理需要确保战略执行过程中的资源分配合理，各个部门和团队能够按照战略目标进行资源的优化配置，以确保企业整体利益的最大化。

在战略执行过程中，行政管理需要对各个部门和团队的决策进行审查和审批，确保决策的合理性和合规性。同时，还需要对各个层级的管理措施和执行效果进行评估，确保战略目标能够顺利实现。

总体而言，监督与控制是行政管理与企业战略密切相关的重要环节。行政管理通过有效的监测机制和评估体系，确保战略目标的合理性和可行性。同时，通过对战略执行过程的监督与控制，行政管理能够及时发现问题和挑战，采取相应的措施进行调整和纠正，推动企业的持续发展。

五、风险管理与应对

在行政管理与企业战略的关系中，风险管理与应对是一项重要的任务。在企业战略制定和实施过程中，风险管理和应对策略的制定至关重要，以确保企业能够有效地应对内外部的风险和挑战。

在战略制定阶段，行政管理需要对各种潜在的风险进行全面的分析和评估。通过风险评估，行政管理可以发现潜在的威胁和机会，为战略的制定提供重要的参考。在制订战略目标和计划时，行政管理需要充分考虑各种风险因素，确保战略的可行性和适应性。

在战略实施过程中，行政管理需要建立健全的风险管理体系，对各项战略举措和项目进行风险评估和管理。通过制定风险预警机制和应对措施，行政管理可以及时应对可能出现的风险和挑战，确保战略的顺利实施。

风险管理与应对还涉及对组织内部的风险意识和风险文化的培养。行政管理需要加强员工的风险意识，使他们能够主动发现和应对潜在的风险。同时，行政管理需要营造一个积极应对风险的文化氛围，鼓励员工主动提出风险管理建议和措施。

在战略执行过程中，行政管理需要及时跟踪和评估战略实施过程中的风险状况，及时调整和完善应对措施。通过对风险管理和应对策略的不断优化，行政管理可以提高企业应对风险的能力，确保战略目标的顺利实现。

总体而言，风险管理与应对是行政管理与企业战略密切相关的重要环节。行政管理通过风险评估和管理，确保战略的可行性和适应性。同时，通过制定应对措施和优化风险管理体系，行政管理可以提高企业应对风险的能力，确保战略目标的顺利实现。

六、人才引进与培养

行政管理与企业战略的关系中，人才引进与培养是一个关键的方面。在企业战略制定和实施的过程中，人才的引进和培养对于实现战略目标和推动企业发展起着至关重要的作用。

在战略制订阶段，行政管理需要充分了解企业的战略需求，明确所需人才的能力和素质。在制订战略目标和计划时，行政管理需要考虑到未来发展所需的专业技能和领导才能，并相应地制定人才引进和培养策略。

在战略实施过程中，行政管理需要积极推动人才引进计划的落实。通过与人力资源部门的紧密合作，行政管理可以确保招聘流程的高效和顺利进行，吸引适合企业战略的优秀人才加入团队。

同时，行政管理还需要关注人才的培养和发展。通过制订培训计划和晋升机制，行政管理可以激励员工持续学习和成长，提高他们的专业技能和管理能力，以适应企业战略的发展需求。

人才引进与培养还涉及企业的组织文化和价值观。行政管理需要营造积极向上的企业文化氛围，激励员工发挥潜力，为企业的战略目标贡献力量。同时，行政管理还需要建立一个有效的激励机制，通过奖励和认可，鼓励员工积极投入工作，为企业创造更大的价值。

总体而言，人才引进与培养是行政管理与企业战略密切相关的重要环节。行政管理通过人才引进和培养，确保企业拥有适应战略需求的优秀人才队伍。同时，通过建立积极向上的企业文化和有效的激励机制，行政管理可以激励员工为企业的战略目标贡献力量，推动企业不断发展壮大。

七、企业文化塑造

行政管理与企业战略的关系中，企业文化塑造是一个至关重要的方面。企业文化是指企业内部共同的价值观、信念、行为规范和工作方式等共同认同的文化特征，它是企业员工之间相互沟通、协作和相处的准则，也是企业内外沟通和传递价值观念的重要方式。

行政管理在塑造企业文化方面扮演着关键角色。通过制定企业文化的发展战略和目标，行政管理可以将企业的核心价值观和理念传达给全体员工，形成一种统一的价值观念和行为准则。企业文化的塑造需要行政管理团队的领导力和决策力，以及对企业内部和外部环境的敏锐洞察力。

行政管理还需要在日常工作中践行企业文化，以身作则，树立良好的榜样。通过自身的行为和言行，行政管理可以向员工传递正确的价值观念和行为规范，引导员工形成积极向上的工作态度和团队合作意识。

此外，行政管理还需要通过有效的沟通和培训，传递企业文化的理念和内涵。通过内部培训、团队建设等方式，行政管理可以帮助员工更好地理解和认同企业文化，从而将其融入日常工作。

企业文化的塑造也是一个长期过程，需要持续不断地努力和改进。行政管理需要与企业的战略目标相一致，将企业文化与战略发展相结合，形成有利于企业战略实现的文化环境。

总体而言，企业文化塑造是行政管理与企业战略紧密相关的重要环节。行政管理通过制定企业文化的战略和目标，践行企业文化的理念和准则，并且进行有效的沟通和培训，帮助企业形成统一的价值观念和行为准则，推动企业朝着战略目标不断前进。企业文化的塑造不仅有助于员工的团队合作和积极性的提高，还有助于企业树立良好的形象和品牌价值，增强企业的竞争力和可持续发展能力。

第二章
民营企业行政接待工作

第一节　行政接待的概念和要素

　　行政接待是指政府机构、企事业单位或其他组织为了完成特定任务或促进相互合作而接待来访人员的活动。这些来访人员可以是政府官员、企业代表、外国使节、学者学生或其他代表团成员。行政接待在处理政治、经济、文化和外交等方面的交流合作中起着重要的作用。

　　行政接待的要素包括：场所和环境、安排和计划、接待人员、礼仪与待遇、沟通和交流、安全与保密、合作意向，如下为详细分析。

一、场所和环境

　　行政接待的场所和环境对于确保接待活动的顺利进行和来访人员的舒适感十分重要。行政接待通常在专门的接待室或会议室进行，这些场所配备舒适的座椅、桌子、电话、互联网接入和其他必要的办公设施，以便来访人员可以在这里休息、工作和进行商务交流。接待室的装饰应简洁、高雅，体现出组织的形象和文化，摆放一些植物、艺术品或文化展品可以增添氛围，但不要过于拥挤，整洁、干净的环境更能给人以好的印象。行政接待场所要保障安全，限制外部人员随意进入，确保来访人员的安全。如果涉及敏感信息或重要议题，需要做好信息的保密工作。同时，提供良好的设施和服务是行政接待的基本要求，包括供应清洁的饮用水或茶水、提供无线网络、可用的电源插座、洁净的卫生间等。如有需要，可以提供翻译服务、行程安排等。如果有来访人员需要特殊关照，如行动不便的人士或残障人士，应确保场所有无障碍设施，便于他们的出入和活动。行政接待的场所最好交通便利，方便来访人员到访。如果可以，应向来访人员提供交通指引或安排专车接送。

此外，针对不同类型的来访人员，接待人员要掌握相应的礼仪，包括熟悉他们的身份、职位和文化习惯，以确保他们在接待过程中感到受尊重和受欢迎。通过提供舒适、安全、方便的环境，行政接待可以促进沟通和交流，增强来访人员对组织的印象，并为未来的合作奠定良好的基础。

二、安排和计划

行政接待的安排和计划是确保接待活动顺利进行的重要环节。在安排行政接待时，首先，需要预订时间并制订详细的日程安排。要明确接待的目的和议题，与来访人员协商确定接待时间，确保没有时间冲突，并让双方在接待中有充分的接触时间。接着，通过邀请函向来访人员发出正式邀请，注明接待的目的、时间、地点、日程安排等信息。在通知参与者的过程中，要确保所有人都能准时参与。同时，安排相关人员的角色和职责，准备好相关资料和文件，了解来访人员的背景信息，以便在接待中更好地与他们沟通交流。其次，需要提前做好餐饮安排，考虑来访人员可能的饮食偏好或限制。在接待活动前，通过电话、邮件或其他方式与来访人员进行沟通，确认接待的细节和相互之间的期望，以避免误解和不必要的困扰。通过合理安排和精心计划，可以提高接待活动的效率和成效，让来访人员在接待过程中得到良好的体验，并达到预期的合作目标。在行政接待中，还应该考虑接待场所的准备、礼品的准备、接待人员的培训、备用计划、跟进和感谢、接待文件和记录、预算管理、文化和礼仪差异、安全措施以及反馈收集等多个方面，只有做好细致周到的准备，才能确保接待活动的顺利进行，并促进与来访人员的合作关系。

三、接待人员

行政接待的接待人员在整个接待活动中扮演着至关重要的角色，他们代表组织与来访人员进行交流，是接待活动的主要执行者。接待人员应具备专业素质，包括良好的沟通能力、礼仪知识、外交技巧以及组织协调能力，要能够与不同背景和文化的来访人员进行有效的交流，并代表组织表现出专业的形象。

在行政接待过程中，接待人员需要懂得礼仪，对来访人员表示热烈的欢迎，并提供适当的待遇。这包括在来访人员到达时的礼仪仪式，以及在接待过程中提供周到的服务和关心。在接待之前，接待人员要了解来访人员的身份、职务、兴趣爱好等信息，以便在接待中更好地与他们沟通交流，给予个性化的关注。接待人员要具备灵活应变的能力，因为接待活动中可能出现突发情况或意外变化，需要及时作出调整和处理。同时，在行政接待过程中，可能涉及敏感信息或重要议题，接待人员需要严格遵守机密保密规定，确保接待活动的安全性和机密性。如果来访人员使用的语言与接待人员不同，接待人员可能需要提供翻译服务，确保双方之间沟通的顺畅。为了提高接待人员的服务水平，组织可以为接待人员提供专业礼仪培训，包括沟通技巧、文化意识和职业形象等方面的培训。如果接待活动需要多名接待人员共同合作，他们需要具备团队合作精神，密切协调配合，确保接待活动的整体顺利进行。

总的来说，接待人员是行政接待活动中的关键因素。他们的专业素质、对礼仪的掌握、对来访人员的了解、灵活应变和机密保密能力，都将直接影响接待活动的效果和来访人员对组织的印象。通过精心培训和合理分配任务，可以确保接待人员的优秀表现，为接待活动的成功作出贡献。

四、礼仪与待遇

行政接待中的礼仪与待遇是确保来访人员感到受尊重和受欢迎的重要方面。在接待过程中，接待人员应以热情的微笑和友好的姿态欢迎来访人员，向他们表示诚挚的欢迎，让他们体验到宾至如归的氛围。接待人员要使用礼貌的用语和用词，避免使用冷淡或不恰当的措辞，并注意对来访人员称呼时使用尊敬的称谓。

在行政接待过程中，还可以准备一些小礼品来表达对来访人员的尊重和关心。座位的安排也应注意恰当性，来访人员的座位应该位于主持方的对面或在重要会议中位于主席位置附近，显示出对他们的重视。根据接待的时间安排，可以提供茶水、小吃或正餐等。要了解来访人员的饮食偏好和宗教风俗，确保提供合适的餐饮选择。

在接待过程中，接待人员应积极与来访人员进行交流与互动，询问对方的感受、意见和需求，展示出对他们的关切态度。同时，对来访人员的时间要给予充分的尊重，确保会议和活动按时开始和结束，避免过度拖延或浪费时间。

最后，当来访人员离开时，同样要表示出热情的欢送和感谢，可以送上道别礼物或陪同他们到出口，并表达期待未来再次合作的意愿。通过恰当的礼仪与周到的待遇，可以让来访人员在接待过程中感受到被尊重，增进双方的信任和友好关系，并为未来的合作奠定良好基础。

五、沟通和交流

行政接待中的沟通和交流是确保接待活动成功的关键因素。接待人员应具备良好的沟通能力，包括听取、理解和表达的能力。在与来访人员交流时，要认真倾听对方的意见和需求，并清晰地传达自己的想法和相关信息。语言的表达应准确无误，避免产生误解。在跨文化接待中，要对来访人员的文化背景和习惯有一定的了解，尊重文化差异，并避免可能引起冲突或误会的行为。在行政接待过程中，接待人员需要用简洁明了的语言表达自己的意图和议题，确保对方能够清楚地理解。除了语言表达，非语言沟通也很重要，包括面部表情、姿势、手势等。接待人员应注意自己的肢体语言，确保与言语一致，避免传递错误信息。积极倾听对方的意见和需求，展现出真诚和兴趣，不要打断对方谈话，让对方感受到被尊重。在沟通和交流中，要保持客观和中立的态度，避免对来访人员产生偏见或进行主观判断。在接待活动中，尽量及时回复来访人员的询问和回应相关要求，确保双方沟通的顺畅。

总的来说，行政接待中的沟通和交流是建立良好合作关系的基础。通过有效的沟通和倾听，可以更好地了解来访人员的需求和意见，增进彼此的理解和信任。恰当的语言和文化意识可以消除障碍，确保信息的准确传递。通过专业的沟通和交流，行政接待可以促进双方的合作与发展。

六、安全与保密

在行政接待中，安全与保密是至关重要的方面。确保来访人员的安全和信息的保密是组织的责任。在接待活动的策划和执行过程中，要充分考虑到来访人员的安全，特别是对于重要的来访人员或敏感活动，可能需要增加安保措施，比如身份验证、安保人员的配备、入口检查等。此外，行政接待可能涉及机密信息或敏感议题，接待人员必须严格遵守保密规定，确保信息不外泄。在会议或交流过程中，避免在公共场合讨论机密内容。对于特定的来访人员或敏感议题，可以限制接触范围，只允许有关的人员参与接待活动，以降低信息泄露的风险。对于接待活动涉及的文件和记录，要进行妥善的管理和保存，确保不被未授权人员访问和获取。在行政接待中，可能涉及与来访人员的电子沟通或数据交流，要注意网络和信息安全，防止遭到网络攻击导致数据泄露。对于涉及合作或合同的行政接待，要确保签署合适的协议和合同，明确双方的权责和保密义务。接待场所的安全是行政接待的基本要求，要确保会议室和活动场所的安全，防止意外事故的发生。最后，要有应急预案，以应对可能的突发情况或紧急事件，确保来访人员和参与人员的安全。

总的来说，安全与保密是行政接待中需要高度重视的方面。通过加强安全措施、严格保密管理、限制接触范围以及应对突发情况的预案，可以确保接待活动的顺利进行，保护来访人员的安全和信息的保密性，同时增强组织的信誉和良好形象。

七、合作意向

在行政接待中，合作意向是双方表达彼此对合作的积极意愿。行政接待旨在加强双方之间的合作关系，促进业务发展或解决共同的问题。双方应当明确表达彼此对合作的意愿，强调合作的重要性和价值。这可以通过口头表述、合作意向书或协议等形式进行。双方可以共同探讨合作的具体机会和领域，找到双方合作的契合点。可以就项目合作、市场拓展、技术合作等方面进行讨论。在接待过程中，双方可以交流各自的合作计划和战略，探讨如何在合作中互相支持和协助，实现共赢。如果合作意向较为明确，双方可以洽谈具体的合作条件和条款，包括合作期限、责任分工、资源投入、收益分享等方面。如果双方已经达成初步共识，可以签署合作框架协议，明确双方合作的基本原则和框架，为后续合作的详细协议奠定基础。在行政接待中，双方需要建立起相互的信任和好感，相信对方是值得合作的伙伴，这可以通过积极沟通、诚信行事和合作态度来实现。行政接待只是合作开始的第一步，之后双方应该密切跟进合作的进展，及时解决可能出现的问题和难题。通过积极的沟通和交流，明确合作意愿和计划，建立起信任和友好关系，可以为未来的合作奠定良好基础，并推动合作关系的深入发展。

第二节　民营企业行政接待的意义和目标

一、拓展业务合作

民营企业行政接待的意义和目标之一是拓展业务合作。行政接待为企业提供了与合作伙伴、客户、供应商和潜在合作伙伴进行面对面交流的机会。通过精心安排和策划的接待活动，企业可以实现以下拓展业务合作的目标。第一，建立信任和友好关系。行政接待可以帮助企业与潜在合作伙伴建立信任和友好关系。面对面的交流更容易打破隔阂，让双方感受到真诚，为未来的合作打下良好基础。第二，了解需求和期望。通过接待活动，企业可以更深入地了解潜在合作伙伴的需求、期望和业务模式，这有助于企业有针对性地提供解决方案，满足对方的需求，增加合作的可能性。第三，展示实力和优势。行政接待是企业展示实力和优势的机会。通过接待活动，企业可以向潜在合作伙伴展示自己的技术实力、专业能力、资源优势等，增加对方选择合作的意愿。第四，洽谈合作条款。行政接待为双方洽谈合作条款提供了便利。在面对面的交流中，可以直接商讨合作的细节，包括合作范围、合作方式、资源投入、利益分享等。第五，加深合作关系。通过接待活动，企业可以加深与潜在合作伙伴的合作关系。多一些面对面的交流和互动，可以增进彼此的了解和信任，提高合作的黏性和稳定性。第六，寻找新商机。行政接待为企业寻找新的商机和合作领域提供了平台。在接待活动中，可能会发掘一些潜在的合作机会，帮助企业开拓新的市场和业务。

综上所述，民营企业行政接待的意义和目标中，拓展业务合作是一个重要的方面。通过精心安排和执行行政接待活动，企业可以与合作伙伴建立良好关系、深入了解对方需求、展示实力和优势，并找到新的商机和合作领域，这将有助于促进双方业务合作的开展，实现共赢与发展。

二、树立良好的企业形象

民营企业行政接待具有十分重要的意义和目标，其中之一就是树立良好的企业形象。行政接待是企业与外部客户、合作伙伴、投资者等重要利益相关者进行交流的重要渠道。通过热情周到的接待和专业礼仪，民营企业能够树立良好的企业形象，传递出友好、诚信、专业的企业品牌形象。优质的行政接待有助于企业与客户、合作伙伴之间建立信任和亲近感。受到良好接待的客户或合作伙伴更有可能对企业产生信赖，更愿意与企业建立长期合作关系，从而提升企业的竞争优势。

行政接待为企业提供了拓展业务和寻找新合作机会的平台。通过接待外部人员，民营企业能够积极发掘商机、建立新的业务合作关系，推动企业的发展。此外，行政接待时的服务态度、专业素质以及对细节的关注，都能够体现企业的价值观和文化。良好的接待体现了企业对细节的重视，有助于向外部传递企业文化的精髓。

为树立良好的企业形象，民营企业应以热情、礼貌和专业的态度接待每一位客户和访客，这种热情的态度能够让客户感受到被尊重和重视。了解客户的需求和偏好，并提供个性化定制的服务，能够给客户留下深刻的印象。这样的细致关怀有助于让客户感受到企业对他们的关心。

民营企业应培训员工使其掌握专业的接待礼仪，包括言谈举止、仪态仪表等方面。专业的礼仪会给客户留下良好的印象，有助于提升企业形象。此外，有效沟通是良好接待的关键。民营企业应确保信息传递准确、清晰，并及时回应客户的需求和问题。高效的沟通表现了企业的敬业精神，有助于企业树立良好的形象。

综上所述，民营企业行政接待的意义和目标之一是树立良好的企业形象。通过优质的接待服务、热情礼貌的态度、个性化定制的关怀，以及高效的沟通，民营企业能够树立积极正面的企业形象，赢得客户的信任和支持，从而在市场竞争中脱颖而出。

三、促进信息交流

民营企业行政接待具有十分重要的意义和目标，其中之一就是促进信息交流。行政接待是企业与外部客户、合作伙伴、投资者等重要利益相关者进行交流的重要途径。通过行政接待，民营企业能够与这些外部方面建立更紧密联系，促进合作与交流，共享信息和资源。优质的行政接待有助于企业建立与客户、合作伙伴之间的信任和亲近感。受到优质接待的客户或合作伙伴更愿意与企业分享更多信息，从而增进彼此之间的合作与了解。通过与客户、合作伙伴进行接触，民营企业可以获得有关市场动态、竞争对手、行业趋势等宝贵的市场信息。这些信息对企业制定战略决策具有重要意义。另外，优质的行政接待有助于提升企业的知名度和声誉。受到良好接待的客户或访客可能会在朋友、同行之间积极宣传企业，进而扩大企业的影响力。

为促进信息交流，民营企业应该在行政接待中积极主动地与客户、合作伙伴进行沟通，了解他们的需求、关注点和期望，并提供解答和帮助，确保信息传递的准确和完整。针对不同客户或合作伙伴的特点和需求，民营企业应提供个性化定制的接待服务，以更好地满足对方的需求，促进信息的双向交流。在行政接待时，民营企业应展示出真诚、友好、诚信的态度，树立良好的企业形象。信任是信息交流的基础，只有在信任的基础上，客户和合作伙伴才会更愿意分享重要的信息。同时，在信息交流过程中，民营企业需要严守保密承诺，并尊重对方的隐私，这样能增加对方对企业的信任感，进而促进更多信息的交流。

综上所述，民营企业行政接待的意义和目标之一是促进信息交流。通过主动沟通、个性化定制服务、建立信任以及保密与尊重，民营企业能够促进与外部客户、合作伙伴之间的信息交流，获取宝贵的市场信息，增进合作与了解，从而在竞争激烈的市场中取得优势。

四、解决问题与应对合作挑战

民营企业行政接待的意义和目标不仅在于促进信息交流，还涵盖解决问题与应对合作挑战。

解决问题与应对合作挑战同样重要。通过行政接待所收集到的信息和反馈，民营企业可以不断改进自身的服务和合作方式，以更好地满足客户和合作伙伴的需求，提升双方合作的效率与效果。在应对合作挑战时，民营企业应秉持共赢的原则。通过共同协商、妥善解决问题，寻求双方利益的最大化，增强合作关系的稳固性。主动倾听、及时反馈与跟进，这些都是行政接待中解决问题和应对挑战的重要步骤。

综上所述，民营企业行政接待的意义和目标是多方面的。除了促进信息交流，还包括解决问题与应对合作挑战。通过热情周到的接待服务，个性化定制的关怀以及积极的沟通与合作，民营企业能够增进与客户和合作伙伴之间的信任，有效解决问题和挑战，实现双方的合作共赢。

五、建立合作伙伴关系

民营企业行政接待的意义和目标之一是建立合作伙伴关系。行政接待是企业与外部客户、合作伙伴、投资者等重要利益相关者进行交流的重要途径。通过行政接待，民营企业向合作伙伴展示了自身的诚意和专业态度，增强合作伙伴与企业合作的意愿。同时，行政接待也为企业寻找合作机会提供了平台。通过与潜在合作伙伴进行接触，企业可以了解彼此的业务领域和专长，探讨可能的合作领域和方式，为合作关系的建立打下基础。

在建立合作伙伴关系方面，民营企业需要采取一系列措施。首先，个性化定制服务是非常重要的。在行政接待的过程中，民营企业应根据不同合作伙伴的需求和喜好，提供个性化定制的接待服务。这样能更好地满足合作伙伴的期望，增进彼此之间的好感和亲近感。其次，企业需要强调自身的核心价值和优势，展示与合作伙伴合作的潜在收益和互惠机会，激发合作伙伴的兴趣，增强合作意愿。此外，持续关怀与沟通也是至关重要的。建立合作伙伴关系不仅需要一次性的接待服务，更需要持续的关怀与沟通。民营企业应定期与合作伙伴保持联系，了解他们的需求和问题，及时回应并解决他们的疑惑。最后，双方应该探讨共同的发展目标，并确保在合作中双方的利益得到平衡与保障。共同的发展目标能够增进合作伙伴的认同感，增加合作关系的稳定性。

综上所述，民营企业行政接待的意义和目标之一是建立合作伙伴关系。通过个性化定制服务、提供价值和互惠、持续关怀与沟通以及共同发展目标的探讨，民营企业能够增进与合作伙伴之间的了解、信任与合作意愿，从而建立稳固的合作伙伴关系，共同实现业务发展与共赢。

六、了解市场动态

民营企业行政接待的意义和目标之一是了解市场动态。行政接待是企业与外部客户、合作伙伴、投资者等重要利益相关者进行交流的重要途径。在这一过程中，民营企业可以获取有关市场动态、行业趋势、竞争对手等方面的信息，帮助企业及时调整策略、作出决策，以适应市场的变化。

通过行政接待，民营企业可以与客户、合作伙伴交流，了解他们在市场中的观察和感受，从而获取有关市场动态的情报。这些情报包括市场需求的变化、新产品的推出、竞争对手的动向等，为企业提供重要的市场参考。同时，在与外部方面进行接触的过程中，民营企业有机会发现新的商机和合作机会。通过了解客户和合作伙伴的需求，企业可以根据市场的需求作出调整，拓展新的业务领域，寻找新的合作伙伴，从而在竞争中获得先机。

了解市场动态不仅有助于寻找商机，还可以提高企业的市场敏感性。通过频繁的行政接待，民营企业可以更加迅速地了解市场的变化和趋势，从而及时作出反应，避免因市场变化而错失商机或面临严峻挑战。

为了更好地了解市场动态，民营企业应该在行政接待过程中主动沟通，了解客户和合作伙伴的需求和反馈。通过主动询问和倾听，企业可以获取更多有关市场的信息。此外，民营企业还可以分享一些自身的市场情况和发展趋势，在与客户、合作伙伴进行信息交流时，增进彼此间的理解和信任。民营企业还需要灵活应变，通过了解市场动态，及时调整业务战略和运营模式，以适应市场的需求，保持企业的竞争力。除了传统的面对面接待，民营企业还可以利用科技手段，如在线会议、社交媒体等，与客户、合作伙伴保持联系和交流，这样可以扩大信息获取的渠道，获取更全面的市场动态。

综上所述，民营企业行政接待的意义和目标之一是了解市场动态。通过主动沟通、信息分享、灵活应变以及利用科技手段，民营企业可以获取宝贵的市场情报，帮助企业把握商机，提高市场敏感性，从而在竞争中保持优势。

七、建立政府关系

民营企业行政接待的意义和目标之一是建立政府关系。行政接待是企业与政府相关工作人员进行交流的重要途径。通过行政接待，民营企业能够与政府建立更密切的联系，增进政府与企业之间的了解与合作，推动政策对企业的支持，并促进企业的发展。

通过行政接待，民营企业有机会与政府工作人员进行面对面的交流，这样的接触能够增进彼此之间的了解，民营企业也可以向政府展示自身的诚意和意愿，优质的行政接待有助于提升企业在政府心目中的形象，增加政府对企业的关注和支持。

在行政接待的过程中，民营企业还能了解政府的政策导向和优惠政策。通过与政府工作人员的交流，企业可以更深入地了解政府的政策重点，及时把握政策变化，从而更好地规划企业的发展战略。

为了建立政府关系，民营企业需要主动与政府工作人员进行沟通，了解政府的政策导向和需求，从而更好地对接政府的工作。同时，在行政接待中，企业可以向政府工作人员展示企业的实力和发展成就，让政府对企业有更深入的了解，从而增加政府对企业的认同感。此外，民营企业还应及时回应政府对企业发展的关切，展现企业的责任心和担当精神。企业还可以积极参与社会公益活动，增加政府对企业的好感，帮助建立更加良好的政府关系。

综上所述，民营企业行政接待的意义和目标之一是建立政府关系。通过主动沟通、展示企业实力、回应政府关切以及参与社会公益活动，民营企业可以与政府建立更密切的联系，增进政府与企业之间的了解与合作，从而推动政策对企业的支持和促进企业的发展。

第三节　民营企业行政接待的组织与实施

一、制订接待计划

在民营企业行政接待的组织与实施中，制订接待计划是至关重要的一步。接待计划是整个接待活动的指导方针，它将明确接待的目标、对象、内容、时间、地点、流程以及所需资源等，确保接待活动能够顺利进行并取得预期的效果。首先，明确接待的目标是非常重要的。接待的目标可能是增进企业形象、促进信息交流、建立合作伙伴关系、拓展市场，或是与政府工作人员进行交流等，确保目标明确、具体、可衡量。其次，确定接待的对象是谁。可能是重要的客户、合作伙伴、投资者、政府工作人员、媒体代表等。根据不同对象的身份和需求，制订相应的接待计划。根据接待目标和对象，明确接待活动的内容，包括举行商务会谈、参观企业生产基地或展示厅、举办座谈会或研讨会、安排餐饮和文化交流活动等。根据接待的内容和对象的时间安排，确定接待的时间和地点。确保时间和地点的选择方便接待对象，并提前预订好必要的场地和设施。根据接待内容和时间，制定详细的接待日程。包括每个活动环节的具体时间安排，确保整个接待过程有序进行。确定负责组织和协调接待活动的团队成员，分工合作。每个团队成员需要清楚自己的任务和责任，并在接待过程中密切协作。在制订接待计划时，要考虑预算和所需资源。确保有足够的资金和资源来支持接待活动的顺利实施。同时，要考虑可能出现的风险和意外情况，并制订相应的应对计划，确保在出现问题时能够及时解决。最后，接待计划应该经过相关部门的审核和批准，确保计划的合理性和可行性。

综上所述，制订接待计划是民营企业行政接待组织与实施过程中的关键步骤。明确接待目标、确定接待对象、定义接待内容、安排接待时间和地点、制定接待日程、分配接待任务、进行预算和资源准备、制订风险应对计划以及经过审核和批准，这些步骤能够确保接待活动的有序进行，实现预期的效果。

二、确定接待对象

在民营企业行政接待的组织与实施中，确定接待对象是一个至关重要的步骤。接待对象的确定将直接影响接待活动的性质、内容和形式。在确定接待对象时，企业需要综合考虑多方面因素，包括企业的发展战略、业务需求、市场定位以及与接待对象的关系等。第一，重要客户是企业接待的首要对象。重要客户可能是长期合作伙伴、大型订单客户、高价值客户等。通过接待重要客户，企业可以加深重要客户对企业的认知和信任，增进客户与企业之间的合作关系，提高客户满意度。第二，合作伙伴也是重要的接待对象。通过接待合作伙伴，企业可以加强与合作伙伴之间的沟通和合作，共同探讨业务发展和合作机会，增进双方的互信和合作关系。第三，投资者也是重要的接待对象。对于有股权投资的企业，接待投资者可以向其展示企业的发展情况和成绩，增加投资者对企业的信心和支持。第四，政府工作人员也应成为接待对象。企业与政府之间的合作关系非常重要。通过接待政府工作人员，企业可以增进与政府之间的沟通和了解，获得政府的政策支持和资源优势。第五，除了已有的重要客户和合作伙伴，潜在客户和合作伙伴也应该被考虑为接待对象。通过接待潜在客户和合作伙伴，企业可以扩大业务范围，寻找新的商机和合作可能。

在确定接待对象时，企业需要充分考虑不同对象的特点和需求以及接待活动的预期目标。根据不同的接待对象，企业可以制定相应的接待策略和活动内容，以确保接待活动能够取得预期的效果。

三、分配接待任务

民营企业行政接待的组织与实施中，分配接待任务是确保接待活动有序进行的重要一环。接待团队需要明确接待活动的目标，根据接待对象和目标确定接待活动的重点和关注点，为分配任务提供依据。接待团队根据接待活动的内容和流程，确定各个环节的具体任务，例如商务会谈、参观企业生产基地、举办座谈会等，明确每个环节的组织细节，如时间、地点、参与人员等。团队成员根据各自的专业领域和经验，分工合作，确保每个环节都有专人负责。在分配任务后，接待团队成员需要进行充分的交流和沟通，确保每个人都清楚自己的任务和责任，避免任务重叠或遗漏。同时，需要考虑应急措施和备选方案，以应对可能出现的临时情况和问题。在接待活动进行过程中，团队的负责人需要进行统一协调和管理，确保接待活动的整体效果和协调性。通过合理分配接待任务，民营企业可以确保接待活动的有序进行和顺利实施，从而达到预期的接待目标和效果。

四、接待流程策划

民营企业行政接待的组织与实施中，接待流程的策划是确保接待活动顺利进行的重要步骤。接待流程策划需要考虑接待对象的身份和需求，结合接待的目标，确定详细的接待日程和活动安排。整个接待流程应该合理、紧凑，既能够满足接待对象的期望，也能够体现企业的诚意和专业。首先，确定接待对象，在接待流程策划之前，需要明确接待的对象是谁，可能是客户、合作伙伴、政府工作人员等。根据不同对象的身份和需求，有针对性地制定接待流程。其次，明确接待目标，接待流程的策划必须围绕接待的目标展开。如果是增进企业形象，那么接待流程可以包括展示企业实力和成就；如果是促进信息交流，那么可以安排商务会谈或座谈交流；如果是建立合作伙伴关系，可以举办合作洽谈会等。然后，确定接待日程，根据接待目标和对象，制定详细的接待日程安排，包括每个环节的时间、地点、参与人员以及具体内容。在确定接待日程时，需要充分考虑接待对象的时间安排和需求，确保日程紧凑有序。接下来安排接待活动，根据接待日程，安排具体的接待活动。这可能包括举行欢迎仪式、安排参观活动、举办座谈会或商务会谈、提供餐饮和文化交流等。同时，考虑细节和配套服务，在接待流程策划过程中，要考虑到细节和配套服务。例如，是否需要安排接待对象的交通和住宿，是否需要提供翻译或导游服务，是否需要准备宣传资料和礼品等。最后，进行实施和监控，一旦接待流程策划完成，接待团队需要开始实施接待活动，并进行实时监控和调整。在接待活动进行中，可能会遇到突发情况和变化，需要及时应对和调整计划。

综上所述，接待流程的策划是民营企业行政接待的重要一环。通过明确接待对象和目标，制定详细的接待日程和活动安排，确定接待活动的细节和配套服务，实施和监控接待活动的执行，企业可以确保接待活动顺利进行，并达到预期的接待目标和效果。

五、安排接待场所

在民营企业行政接待的组织与实施中，安排接待场所是一个关键的步骤。选择合适的接待场所能够为接待活动提供良好的环境和氛围，给接待对象留下深刻的印象，并有助于实现接待的目标。在安排接待场所时，企业应综合考虑接待对象的身份和需求以及接待活动的性质和规模。首先，根据接待对象的身份和需求，选择合适的场所。对于重要客户或合作伙伴，可以选择高档酒店的会议室或豪华包间，提供舒适的环境和贴心的服务；对于政府工作人员，可以选择具有代表性的企业总部或重要生产基地，向其展示企业的实力和发展成果。其次，根据接待活动的性质和规模，确定场所的大小和设施。如果接待活动涉及座谈会或商务会谈，需要选择具备会议设施的场所，确保有足够的座位和交流空间；如果接待活动包含参观和展示环节，需要选择拥有展示厅或生产车间的场所，提供专业的参观导览服务。同时，要考虑场所的地理位置和交通便利性，尽量选择靠近接待对象所在地或企业总部的场所，可以方便接待对象的参与，减少时间和交通成本。另外，了解场所的服务质量和配套设施也很重要。确保场所有良好的餐饮服务，提供符合接待对象需求的餐饮选择，同时，要确认场所是否提供专业的接待服务团队，能够协助安排和执行接待活动。最后，与场所进行预订和确认。一旦选择了合适的接待场所，企业应及早进行预订，并与场所方确认活动的时间、地点和细节，确保一切准备工作顺利进行。

综上所述，安排接待场所是民营企业行政接待的重要一环。通过选择合适的场所，根据接待对象的身份和需求，确定场所的大小和设施，考虑地理位置和交通便利性，了解场所的服务质量和配套设施，并与场所进行预订和确认，企业可以为接待活动提供良好的环境和氛围，提高接待活动的成功率和效果。

六、提前准备

在民营企业行政接待的组织与实施中，提前准备是确保接待活动顺利进行的重要环节。充分的提前准备能够确保各项工作有序进行，避免临时抱佛脚和紧急应对，为接待活动的成功打下坚实基础。首先，提前明确接待目标和对象。在开始接待活动的策划和准备之前，必须明确接待的目标和对象是谁。不同的接待目标和对象将对接待活动的内容、形式和规模产生影响，因此在提前准备阶段，要明确这些关键要素。其次，制订详细的接待计划。在明确接待目标和对象之后，接待团队应制订详细的接待计划，包括接待日程、活动内容、场所选择、餐饮安排、物资准备等。通过有序的计划，可以提前预知可能出现的问题并做好应对措施。接下来与接待对象提前沟通。在接待活动之前，要与接待对象进行充分的沟通，了解他们的需求和期望，为接待活动的策划和准备提供参考和指导。提前沟通还有助于确保接待对象的参与和配合，避免冲突和误解的发生。同时，提前安排团队成员的分工和培训。在接待活动之前，要明确团队成员的职责和任务，并进行必要的培训和准备工作，确保每个人都清楚自己的角色和责任，提高团队的协作效率和专业水平。另外，提前准备好所需的物资和资料。根据接待活动的内容和流程，准备好所需的餐饮、文化交流礼品、宣传资料等，确保在接待活动当天一切准备就绪。最后，进行全面的实地考察和演练。在接待活动之前，要对接待场所进行实地考察，确保场地和设施满足接待要求。同时，进行接待活动的演练和模拟，及时发现和解决潜在问题，提高团队的应对能力和临场反应能力。

综上所述，民营企业行政接待的组织与实施中，提前准备是确保接待活动成功的关键步骤。通过明确接待目标和对象，制订详细的接待计划，与接待对象提前沟通，安排团队成员的分工和培训，准备所需的物资和资料，进行全面的实地考察和演练，企业可以做好充分的准备，确保接待活动顺利进行，取得预期的效果。

七、专业接待团队

民营企业行政接待的组织与实施中，拥有专业接待团队是确保接待活动成功的重要因素。专业接待团队具备丰富的经验和专业知识，能够高效地组织和协调接待活动，提供优质的服务，确保接待活动达到预期的目标和效果。首先，专业接待团队通常由经验丰富的专业人士组成。这些人员可能来自企业的市场营销、公关、客户服务等相关部门，或是专门负责接待活动的团队，他们对接待活动的策划和执行有着深刻的理解和了解，能够根据接待目标和对象的不同，制定相应的接待策略和方案。其次，专业接待团队具备出色的沟通和协调能力。在接待活动中，可能涉及与客户、合作伙伴、政府工作人员等不同背景和需求的接待对象进行沟通和交流。专业接待团队能够灵活应对，与接待对象建立良好的关系，理解他们的需求，为他们提供贴心的服务。接下来，专业接待团队具有良好的组织和执行能力。他们能够对接待活动进行全面的策划和安排，确定详细的接待日程和活动安排，并对活动的执行进行全程跟进和监控。专业接待团队还能够及时解决可能出现的问题和挑战，确保接待活动顺利进行。同时，专业接待团队具备高度的责任心和敬业精神，他们对接待活动的每个细节都非常重视，注重细节和服务质量。他们会全力以赴，为接待活动提供最好的服务，确保接待对象在活动中得到满意的体验。最后，专业接待团队还具备跨文化和多语言的能力。在接待活动中，可能要与来自不同国家和地区的接待对象进行交流。专业接待团队能够娴熟地应对不同的文化背景和语言环境，为接待对象提供舒适和便捷的服务。

综上所述，专业接待团队在民营企业行政接待的组织与实施中起着至关重要的作用，他们具备丰富的经验和专业知识，具有出色的沟通、协调、组织和执行能力，拥有高度的责任心和敬业精神，同时具备跨文化和多语言的能力。通过专业接待团队的协助，民营企业可以确保接待活动顺利进行，提高接待活动的成功率和效果。

八、接待后续跟进

民营企业行政接待的组织与实施中，接待后续跟进是至关重要的一环。接待活动结束后，及时进行后续跟进可以巩固接待对象对企业的好感和印象，维持良好的合作关系，进一步促进信息交流和合作，实现接待活动的长期效益。接待后续跟进的重要性在于，通过后续跟进可以加深合作关系，解决问题与挑战，提供进一步的支持，从而实现接待活动的长期效益和价值。首先，后续跟进可以加深合作关系。通过继续与接待对象保持联系，企业可以加强彼此之间的了解和信任，建立更加牢固的合作伙伴关系，为未来的合作打下基础。其次，后续跟进可以解决问题与挑战。在接待活动中，可能会涉及一些问题和挑战。及时进行后续跟进，可以解决接待对象可能遇到的问题，确保他们对接待活动的体验和服务满意，避免因问题而对企业产生负面影响。另外，后续跟进可以提供进一步的支持。接待对象可能在接待活动后还需要进一步的支持和帮助。通过后续跟进，企业可以及时了解接待对象的需求，为他们提供必要的支持，增强企业的良好形象，建立良好的口碑。一些常见的接待后续跟进措施包括发送感谢信函或感谢邮件，表达对接待对象的感谢和欢迎，并再次强调对合作的重视。通过电话或视频会议的方式，与接待对象进行进一步的交流和沟通，了解他们的感受和意见。建立定期的联络和互动机制，保持与接待对象的交流，了解他们的动态和需要。邀请接待对象参加企业举办的活动，增进彼此之间的了解和合作。发送礼品和纪念品，表达对接待对象的关怀。

综上所述，接待后续跟进是民营企业行政接待过程中不可忽视的重要环节。通过后续跟进，企业可以加深合作关系，解决问题与挑战，提供进一步的支持，从而实现接待活动的长期效益和价值。这些跟进措施有助于巩固接待对象对企业的好感和印象，维持良好的合作关系，促进信息交流和合作，为企业的发展和实现长远目标打下坚实基础。

第三章
民营企业协调文秘工作

第一节　文秘工作的概念和职能

一、文秘工作的概念

文秘工作是一种行政管理工作，主要负责处理和管理企业、机关或组织内部的文件资料、信息传递、会议协调等事务。文秘工作的目标是提高工作效率，促进信息流通，支持决策制定，并确保组织内部的协调与顺畅运转。文秘工作涉及各种文书的处理，如来文来电、函件、报告、备忘录等，文秘人员负责对这些文件进行收集、整理、分类和归档，以便领导和相关部门能够随时查阅和使用。文秘人员还负责组织和安排会议，包括会议的召开通知、议程的制定、会议材料的准备，以及会议记录的撰写和汇总。在信息传递方面，文秘人员充当信息传递的桥梁，负责将领导的指示、决策、要求等及时传达给相关部门和人员，确保信息的准确传递和执行。文秘工作还包括为领导和相关部门提供行政支持，如协助安排日程、处理出差手续、预订会议场地和酒店等，以保障工作顺利进行。文秘工作的重要性在于，它为企业或组织的高效运作提供了必要的支持和保障。文秘工作通过高效协调文件处理、会议安排、信息传递等职能，有助于提高工作效率，促进内部沟通与合作，保障组织内部信息的畅通流动，支持领导的决策和管理。文秘人员应具备良好的沟通、协调和组织能力以及保守秘密的意识，为企业或组织的顺利运作和发展贡献自己的一份力量。

二、文秘工作的职能

（一）文件处理

文秘工作是在企业、机关或组织内，负责处理和管理文件资料、协助领导和部门完成日常行政事务的一类工作，其职能主要方面是文件处理，包括收集、整理、分类和归档等多个方面。

文件处理是文秘工作中较基本、核心的职能之一。文秘人员负责对来文、函件、报告、备忘录等文件资料进行收集、整理、分类和归档，这包括了对接收的文件进行登记和编号，将文件按照一定的规则进行分类和整理，以便领导和相关部门的查阅及使用。文秘人员还负责对过期文件进行销毁或存档处理，确保文件管理的有效性和规范性。

在文件处理的过程中，文秘人员需要细心、严谨，保证文件的准确性和完整性。要求文秘人员对各类文件有较强的辨识能力，能够根据文件内容进行合理的分类和归档。同时，文秘人员还需要根据领导和相关部门的需求，及时提供所需文件资料，确保工作的高效和顺利进行。

总的来说，文件处理是文秘工作的重要职能，它涵盖了对文件资料的收集、整理、分类和归档等方面。通过高效的文件处理工作，文秘人员为领导和相关部门提供了必要的支持，促进工作的高效运转和决策制定，这使得文秘工作在企业或组织的日常管理中扮演着不可或缺的角色。

（二）会议协调

文秘工作的第二个重要职能是会议协调。在企业、机关或组织内部，会议是重要的沟通和决策平台，而文秘人员在会议协调中扮演着关键的角色。会议协调包括多个方面的工作。首先，文秘人员负责会议的召开通知。他们需要根据会议议程和安排，及时向与会人员发送会议通知，确保会议的时间、地点和议题等信息被准确传达。其次，文秘人员协助领导和主持人制定会议议程。他们需要根据会议的目的和需要，组织参会人员提交议题和材料，并将其整理成会议议程，以确保会议的有序进行。在会议召开前，文秘人员需要准备会议所需的材料和设备，包括会议室的布置、投影仪、会议文件等，确保会议进行的顺利和高效。在会议期间，文秘人员承担会议记录员的职责，负责记录会议的主要内容和决议以及参会人员的发言和意见，保证会议的内容被准确记录。会议结束后，文秘人员负责整理和归档会议文件和记录，确保会议的信息和决策被妥善保存，供领导和相关人员查阅及使用。

会议协调是文秘工作中需要高度组织和协调能力的一项重要职能，文秘人员需要与多个部门和人员进行沟通和协作，确保会议的各项工作有序进行。通过有效的会议协调，文秘人员为领导和组织提供了良好的会议环境和支持，有助于推动工作进展，促进信息交流和决策制定。因此，会议协调是文秘工作中不可或缺的一部分，对于组织的高效运转和成功发展具有重要意义。

（三）信息传递

文秘工作的第三个重要职能是信息传递。在企业、机关或组织内部，信息传递是组织运作和决策制定的关键环节，而文秘人员在信息传递中扮演着重要的角色。信息传递包括多个方面的工作。首先，文秘人员负责将领导的指示、决策、要求等信息及时传达给相关部门和人员。他们需要准确地理解领导的意图，并将信息以恰当的方式传递给相应的接收者，这有助于确保领导的意见和决策能够得到及时执行和落实。其次，文秘人员协助组织内部各个部门之间的信息传递和沟通，他们扮演着沟通的桥梁和纽带角色，负责协调各部门之间的工作，促进信息的流通和共享。通过及时传递和交流信息，文秘人员帮助组织内部实现信息互通，提高工作效率和协作效果。除了内部信息传递，文秘人员还负责与外部合作伙伴、客户、政府部门等进行信息传递和沟通。他们需要与外部联系人保持良好的沟通关系，及时传达组织的要求和意见，了解外部的需求和反馈，促进合作和交流。在信息传递的过程中，文秘人员需要具备良好的沟通和协调能力，能够准确地传递信息，避免信息失实或产生误解，需要灵活运用不同的沟通渠道，如口头、书面、电子邮件等，确保信息传递的及时和有效。

总的来说，信息传递是文秘工作中至关重要的职能，它涵盖了与内部各个部门和外部合作伙伴之间的信息传递和沟通。通过高效的信息传递，文秘人员为组织的高效运作和决策制定提供了重要的支持，促进了信息交流和合作，为组织的发展打下了坚实基础。因此，信息传递是文秘工作中不可或缺的一部分，对于组织的顺利运转和发展具有重要意义。

（四）行政支持

文秘工作的第四个重要职能是行政支持。在企业、机关或组织内部，行政支持是确保日常行政事务顺利进行的必要保障，而文秘人员在行政支持中扮演着关键的角色。行政支持包括多个方面的工作。首先，文秘人员负责协助确定领导的日程安排。他们需要与领导紧密沟通，了解领导的日常安排和行程，帮助确定会议、活动、出差等事项，确保领导的时间得到合理安排和利用。其次，文秘人员负责处理领导的文件和资料。他们需要准备和整理领导需要使用的文件和资料，确保领导在办公和出差时所需的文件资料齐全，提高领导的工作效率。在行政支持的过程中，文秘人员还需要协助领导处理出差手续和会议安排。他们需要与相关部门和外部机构进行联络和协调，预订会议场地和酒店，确保领导的出差和会议安排顺利进行。此外，文秘人员还负责安排和管理办公设施和用品，保障办公环境的良好和有序。他们需要及时采购办公用品，协调维修办公设施，确保办公环境的正常运转。

总的来说，行政支持是文秘工作中不可或缺的一部分。通过高效的行政支持，文秘人员为领导提供了必要的帮助和保障，促进了日常行政事务的顺利进行。他们与领导紧密合作，为领导解决各类问题和需求，提高领导的工作效率，确保组织内部的协调与顺畅运转。因此，行政支持是文秘工作中重要的职能之一，对于组织的高效运作和成功发展具有重要意义。

（五）外部联络

文秘工作的第五个重要职能是外部联络。在企业、机关或组织内部，外部联络是与外部合作伙伴、客户、政府部门等进行沟通和交流的重要工作，而文秘人员在外部联络中扮演着关键的角色。外部联络包括多个方面的工作。首先，文秘人员负责与外部合作伙伴进行联络和沟通。他们需要与客户、供应商、合作伙伴等保持良好的关系，了解外部的需求和要求，协助解决合作过程中可能出现的问题和挑战。其次，文秘人员协助领导与政府部门进行联络和交流。他们需要与相关政府部门进行沟通，了解政府政策和法规，及时传达企业的情况和需求，协助处理政府事务和合作项目。在外部联络的过程中，文秘人员需要具备良好的沟通和协调能力，能够与外部联系人建立良好的关系，准确传达企业的意见和要求，了解外部的需求和反馈。通过高效的外部联络工作，文秘人员为企业与外部合作伙伴之间建立起良好的沟通渠道，促进合作与交流。他们与外部合作伙伴保持密切联系，了解市场动态和行业趋势，为企业的发展和决策提供有价值的信息和支持。因此，外部联络是文秘工作中不可或缺的一部分，对于组织与外部合作伙伴之间的合作和发展具有重要意义。

（六）保密工作

文秘工作的第六个重要职能是保密工作。在企业、机关或组织内部，保密工作是确保机密信息和商业机密不被泄露的重要任务，而文秘人员在保密工作中扮演着关键的角色。保密工作包括多个方面的工作。首先，文秘人员需要严格遵守组织的保密制度，确保不将机密信息泄露给未授权的人员。他们需要对涉及机密信息的文件和资料进行保密处理，确保这些信息不会被非授权人员获取。其次，文秘人员需要采取措施保障文件和资料的安全，这包括文件的妥善存放和管理，确保文件不会丢失或被盗窃。文秘人员还需要定期对文件进行备份，以防止数据丢失。在保密工作中，文秘人员还需要对外部人员进行保密教育和提示。他们需要告知外部合作伙伴和客户有关保密事项，并确保外部人员也遵守相应的保密要求。最后，文秘人员还负责对涉及商业机密和敏感信息的文件进行审查和控制，需要识别哪些信息属于商业机密，并采取措施限制访问和传播这些信息。

总的来说，保密工作是文秘工作中不可或缺的一部分。通过高效的保密工作，文秘人员为组织的信息安全和商业机密的保护提供了有力支持，确保机密信息不会被泄露或滥用。保密工作对于企业的稳健发展和竞争优势具有重要意义，因此，文秘人员在保密工作中发挥着至关重要的作用。

第二节　民营企业文秘工作的意义和目标

一、民营企业文秘工作的意义

（一）支持高效管理

民营企业文秘工作对于支持高效管理具有重要的意义。文秘工作在企业内部发挥着重要的作用，为高层领导和各部门提供必要的协助和支持，从而促进企业的高效管理和运作。以下是民营企业文秘工作支持高效管理的几个方面。第一，文秘工作负责处理和管理文件资料。文秘人员收集、整理、分类和归档各类文件，包括来文、函件、报告、备忘录等。他们确保文件资料的准确性和及时性，让领导和相关部门能够方便地查阅和使用所需的文件信息。通过高效的文件处理，文秘工作帮助企业建立了良好的文件管理体系，提高了工作效率。第二，文秘工作在信息传递方面起到关键作用。文秘人员是信息传递的重要渠道，他们负责将领导的指示、决策、要求等及时传达给相关部门和人员，他们还协助组织内部各个部门之间进行信息传递和沟通，促进信息的流通和共享。通过高效的信息传递，文秘工作帮助企业实现信息的快速传递和决策的高效执行。第三，文秘工作协助组织和安排会议。会议是企业内部沟通和决策的重要平台，而文秘人员负责会议的召开通知、议程的制定、会议材料的准备以及会议记录的撰写和汇总等。他们确保会议的有序进行，保障会议讨论的有效性和结果的落实。第四，文秘工作为高层领导提供行政支持。文秘人员协助领导安排日程、处理出差手续、预订会议场地和酒店等，提高领导的工作效率，使他们能够更专注于战略决策和业务发展。第五，文秘工作在保密工作方面发挥重要作用。民营企业面临着商业竞争的挑战，保护企业的商业机密和敏感信息至关重要。文秘人员严守企业的保密制度，对涉及机密信息的文件进行保密处理和控制，确保信息的安全。

综上所述，民营企业文秘工作的意义在于支持高效管理。通过高效的文件处理、信息传递、会议协调、行政支持和保密工作，文秘工作为企业提供了必要的支持和保障，促进了企业的高效运作。文秘人员在提高工作效率、增强信息流通和保障信息安全等方面发挥着不可或缺的作用，为企业的稳健发展和成功创造了有利条件。

（二）促进信息交流

民营企业文秘工作对于促进信息交流具有重要的意义。信息交流在企业内部和外部都发挥着至关重要的作用，而文秘工作在信息交流中发挥着关键的作用。以下是民营企业文秘工作促进信息交流的几个方面。第一，文秘工作作为信息传递的桥梁，负责将领导的指示、决策、要求等及时传达给相关部门和人员，他们在处理文件和信息传递的过程中，确保信息的准确传递和执行。文秘工作通过高效的信息传递，可以实现企业内部信息的快速传播，减少信息滞后和误解，提高信息交流的效率。第二，文秘工作协助组织内部各部门之间进行信息交流和沟通。他们促进不同部门之间的信息共享，协助解决部门之间的协作问题，促进团队之间的合作和协调。通过有效的内部信息交流，文秘工作有助于消除信息孤岛，推动企业各项工作协调有序进行。第三，文秘工作在与外部合作伙伴、客户、政府部门等的交流中发挥着重要作用。他们作为企业的代表，负责与外部联系人进行联络和沟通。文秘工作通过与外部合作伙伴的良好交流，有助于建立稳固的合作关系，增进互信，推动合作项目的顺利进行。第四，文秘工作协助领导组织会议。会议是信息交流和决策制定的重要平台，而文秘人员负责会议的召开通知、议程的制定、会议材料的准备以及会议记录的撰写和汇总等工作。他们确保会议的有序进行，促进与会人员之间的信息交流和意见交流。第五，文秘工作在信息保密方面也发挥重要作用。保护企业的商业机密和敏感信息对于促进信息交流至关重要。文秘人员严守企业的保密制度，确保信息不会被泄露或滥用，增强合作伙伴对企业信息交流的信任。

综上所述，民营企业文秘工作的意义在于促进信息交流。文秘工作通过高效的信息传递、协助组织内部和外部的信息交流、支持会议组织和保障信息安全等方式，促进了企业内外信息的流通和共享，增进了沟通与合作，为企业的发展和成功创造了有利条件。文秘人员在促进信息交流方面发挥着不可或缺的作用，是企业信息流通的重要推动者。

（三）提升企业形象

民营企业文秘工作对于提升企业形象具有重要的意义。企业形象是指外部对企业的整体认知和评价，包括企业的声誉、品牌形象、社会形象等方面。文秘工作在塑造企业形象中扮演着关键的角色。首先，文秘人员作为企业的代表，他们的专业素养和服务态度直接影响着外部对企业的认知和印象。在日常工作中，文秘人员需要展现专业的知识和技能，高效处理文件和信息，为外部合作伙伴提供优质的服务，从而树立企业的专业形象。其次，文秘人员负责与外部合作伙伴、客户、政府部门等进行沟通和交流。他们在信息传递的过程中，准确传达企业的意见、要求和决策以及及时回应外部的需求和反馈。文秘工作通过高效的信息传递和沟通，促进了企业与外部合作伙伴之间的良好互动，增进了企业的良好形象。文秘人员在会议组织和协调中发挥着重要作用，文秘工作通过高质量的会议服务体现了企业的组织能力和专业形象。保护企业的商业机密和敏感信息对于企业形象至关重要。文秘人员严守企业的保密制度，确保信息不会被泄露或滥用，增强外部合作伙伴对企业的信任。外联联络是企业与外部合作伙伴之间沟通和交流的重要环节。文秘人员在与外部合作伙伴的联络中，代表企业与外部建立良好的关系，传递企业文化和价值观，提升了企业在外部合作伙伴中的形象。

综上所述，民营企业文秘工作的意义在于提升企业形象。文秘工作通过专业形象展示、高效的信息传递和沟通、优质的会议协调和服务、保密工作的落实以及外联联络和形象维护等方式，有助于塑造企业的良好形象，增强外部对企业的认知和评价。积极的企业形象有助于吸引更多的合作伙伴和客户，提升企业的竞争力和声誉，为企业的可持续发展打下坚实基础。

二、民营企业文秘工作的目标

（一）高效文件处理

民营企业文秘工作的目标之一是高效文件处理。文件处理是文秘工作的重要职能之一，涵盖了对各类文件的收集、整理、分类、归档和传递等方面的工作。文秘人员需要及时收集企业内外部的文件和资料，并对其进行准确地整理和分类，确保文件的有效管理和归档，方便以后查阅和使用。有效的文件归档和存储能够提高文件的可访问性和保存安全性，确保文件的有序管理和流转。在文件处理过程中，文秘人员需要高效地将文件传递给相关部门和人员，并确保文件传阅的准确性和及时性，避免信息滞后和沟通不畅，提高工作效率。文秘工作需要对重要文件信息进行可靠记录，包括文件的来源、收发日期、重要内容等，方便跟踪文件的流转和处理情况，确保工作的透明和可追溯性。为了实现高效文件处理，文秘人员需要不断优化文件处理流程，简化操作步骤，减少冗余环节，提高工作效率。同时，在文件处理过程中，文秘人员需要严守保密制度，确保涉及机密信息和商业敏感信息的文件得到妥善保管，防止信息被泄露或滥用。通过实现高效文件处理的目标，民营企业的文秘工作可以确保企业内外部文件的有序管理和流转，提高信息处理的效率，为企业的日常运作和决策提供有力的支持。高效文件处理不仅有助于节约时间和资源，还能增强企业的信息传递和协作能力，提升整体运营效率，为企业的发展打下坚实基础。

（二）有效信息传递

民营企业文秘工作的另一个重要目标是有效信息传递。信息传递是文秘工作的核心职能之一，涉及与内部员工、外部合作伙伴、客户和政府部门之间的沟通和交流。以下是在民营企业文秘工作中实现有效信息传递的目标。第一，文秘人员负责将领导的指示、决策、要求等准确传达给相关部门和人员。他们在信息传递的过程中，要保证信息的准确性和完整性，避免信息传递中出现误解或失实情况。文秘工作通过及时、准确的信息传递，帮助企业内部实现信息的快速流通，确保各部门能够及时了解和落实领导的决策和要求。第二，文秘人员在协助组织内部各部门之间的信息交流和沟通中起到重要作用。他们协助解决部门之间的协作问题，推动信息共享和沟通的顺利进行。通过高效的内部信息传递，文秘工作促进了企业内部各个部门之间的协调合作，增强了团队的凝聚力和协作效率。第三，文秘人员在与外部合作伙伴、客户、政府部门等的交流中发挥着关键作用。他们负责联络和沟通，传递企业的意见、要求和决策，及时回应外部的需求和反馈。通过高效的外部信息传递，文秘工作有助于建立稳固的合作关系，增进互信，推动合作项目的顺利进行。此外，文秘人员在组织会议和协调会议信息传递方面也扮演重要角色。他们负责会议的召开通知、议程的制定、会议材料的准备以及会议记录的撰写和汇总。通过高质量的会议信息传递，文秘工作促进了与会人员之间的信息交流和意见沟通，推动会议讨论的高效和决策结果的落实。

综上所述，民营企业文秘工作的目标之一是实现有效的信息传递。文秘工作在文件处理、内部交流、外联联络和会议协调等方面发挥着重要作用，确保信息的及时、准确传递，促进内外部信息的流通和共享，从而为企业的高效运营和决策制定提供有力支持。通过实现有效信息传递的目标，文秘工作有助于提高企业的信息沟通能力，增强内外部合作的效率，为企业的发展和成功创造更有利的条件。

（三）优质会议协调

民营企业文秘工作的另一个重要目标是优质会议协调。会议是企业内部沟通和决策的重要平台，而文秘工作在会议协调方面扮演着关键角色。以下是在民营企业文秘工作中实现优质会议协调的目标。第一，文秘工作人员负责会议的策划和组织。他们根据会议的目的和议程，确定参会人员，协调日程安排，并与会议相关的各方进行联络，确保会议的顺利召开。第二，文秘工作人员在会议前的准备中起到重要作用。他们负责会议的召开通知、会议材料的准备、演示文稿的制作等工作，以确保与会人员充分了解会议内容，并为会议讨论提供所需的资料和信息。第三，文秘工作人员在会议中扮演会务秘书的角色。他们负责记录会议的讨论内容、提供必要的支持和协助，确保会议的秩序和效率。此外，文秘工作人员在会议后的跟进工作中也非常重要。他们负责整理和归档会议记录，将会议决议和行动计划传达给相关人员，并跟踪会议决定的执行情况，以确保会议提出的措施得到有效落实。优质会议协调在民营企业文秘工作中非常关键。高效的会议协调可以提高会议的效率和质量，确保与会人员的参与和沟通顺畅，促进决策的科学和准确。优质会议协调还能增强企业内部团队的凝聚力和合作效率，推动企业的发展和创新。

通过实现优质会议协调的目标，文秘工作有助于促进企业内部的信息交流和决策制定，提高组织的执行效率，为企业的长期发展奠定坚实基础。优质会议协调还能增强企业在外部合作伙伴和客户中的形象和信誉，增强企业在市场竞争中的优势。因此，民营企业文秘工作将优质会议协调作为重要目标之一，并通过不断完善会议组织和协调的工作，为企业的成功和可持续发展贡献力量。

（四）卓越行政支持

民营企业文秘工作的目标之一是提供卓越的行政支持。行政支持是文秘工作的核心职能之一，涉及各个层面的协助和支持，以确保企业的日常运营和决策制定能够高效顺利地进行。以下是在民营企业文秘工作中实现卓越行政支持的目标。第一，文秘工作人员负责高效处理日常行政事务。他们协助领导和各部门处理各类行政事务，如会议安排、出差和差旅安排、文件处理、文件归档等，以确保企业运营的顺畅。第二，文秘工作人员在文件处理方面扮演着重要角色。他们负责收集、整理、归档和传递各类文件和资料，确保文件的准确和高效处理，为领导和团队提供所需的信息支持。第三，文秘工作人员在日常办公中提供秘书服务，如安排会议、撰写会议纪要、接待来访客户等，为领导和团队提供优质的办公支持。此外，文秘工作人员还在外联联络方面发挥重要作用。他们负责与外部合作伙伴、客户和政府部门等进行联络和交流，传递企业的意见和要求，维护企业的形象和声誉。优质的行政支持在民营企业文秘工作中至关重要。通过提供高效的行政支持，文秘工作有助于减轻领导和团队的负担，提高工作效率和生产力。卓越的行政支持还能为企业的决策制定和战略规划提供有力的支持，确保决策的准确和及时。

通过实现卓越的行政支持目标，文秘工作有助于提高企业内部的组织效率和运营效率，增强企业的竞争力和创新能力。同时，优质的行政支持也有助于增强企业在外部的形象和信誉，建立稳固的合作关系，为企业的长期发展打下坚实基础。因此，民营企业文秘工作将卓越行政支持作为重要目标之一，并通过不断提升行政支持水平，为企业的成功和可持续发展贡献力量。

（五）保密工作落实

民营企业文秘工作的目标之一是保密工作的落实。保密工作对于企业来说至关重要，特别是在竞争激烈的商业环境中，保护企业的商业机密和敏感信息对于企业的长期发展和竞争优势尤为重要。以下是在民营企业文秘工作中实现保密工作落实的目标。第一，文秘工作人员需要严格遵守企业的保密制度和政策，确保不泄露任何与企业相关的商业机密和敏感信息。他们要对接触到的涉密文件和资料进行妥善保管，并采取必要的措施防止信息泄露。第二，文秘工作人员需要加强信息传递和文件处理过程中的保密意识。他们要确保信息传递的安全，避免信息在传递过程中被截获或篡改。在文件处理过程中，文秘工作人员要严格控制文件的传递范围，确保只有授权人员才能够访问涉密文件。第三，文秘工作人员需要加强外部合作伙伴和客户的保密意识，确保他们也遵守企业的保密要求。在与外部合作伙伴进行沟通和交流时，文秘工作人员要注意保护企业的商业机密和敏感信息，避免不必要的信息泄露。此外，文秘工作人员要加强对企业内部员工的保密培训，提高他们的保密意识和能力。可以组织保密培训活动，向员工介绍保密政策和操作规程，提醒员工保护企业的商业机密和敏感信息。保密工作的落实对于民营企业来说具有重要意义。通过加强保密工作的落实，文秘工作可以确保企业的商业机密和敏感信息不会被泄露或滥用，保护企业的核心竞争力和商业优势。保密工作的落实还可以增强外部合作伙伴和客户对企业的信任和合作意愿，维护企业的声誉和形象。

综上所述，保密工作的落实是民营企业文秘工作的重要目标之一。通过加强保密意识和培训，严格遵守保密制度，确保信息传递和文件处理的安全，文秘工作有助于保护企业的商业机密和敏感信息，维护企业的声誉和形象，为企业的长远发展创造更有利的环境和条件。

第三节　民营企业文秘工作的组织与实施

一、民营企业文秘工作的组织

民营企业文秘工作的组织是指为了有效管理和协调文秘工作而建立的体系和结构。一个良好的文秘工作组织可以确保文秘工作高效运行，提供有效的行政支持和协调，以支持企业的日常运营和决策制定。以下是对民营企业文秘工作组织的一些建议。

（一）设立文秘工作部门或团队

为了有效组织和协调民营企业的文秘工作，通常会设立专门的文秘工作部门或团队。文秘工作部门或团队是企业内部负责处理文秘事务的专业团队，他们在行政支持、信息传递、文件处理和会议协调等方面发挥着重要作用。设立文秘工作部门或团队的重要性和优势包括以下方面。第一，设立文秘工作部门或团队有利于集中管理和协调文秘工作。通过设立专门的部门或团队，企业可以集中资源和人力，统一规划和组织文秘工作，确保文秘工作的高效运行。第二，文秘工作部门或团队可以提供高效的行政支持。他们协助企业领导和各部门处理各类行政事务，如会议安排、出差和差旅安排、文件处理等，确保企业的顺畅运营。第三，文秘工作部门或团队负责信息传递和文件处理。他们在内部和外部之间传递信息，确保信息的准确和及时传递。同时，他们负责文件的收集、整理、归档和传递，提高文件的查找和共享效率。此外，文秘工作部门或团队在会议协调方面扮演着重要角色。他们负责安排会议的召开时间和地点，协调与会人员的日程安排，确保会议顺利进行。会议后，还需要撰写会议纪要，及时传达会议决议和行动计划。通过设立文秘工作部门或团队，民营企业可以实现文秘工作的专业化和规范化。文秘工作部门或团队的成员经过专业培训和实践，掌握了文秘工作的技能和知识，能够更好地胜任文秘工作。他们可以根据企业的需要，制订相应的文秘工作计划和流程，提高文秘工作的效率和质量。

综上所述，设立文秘工作部门或团队对于民营企业的文秘工作非常重要。通过集中管理和协调文秘工作，进行高效的行政支持、信息传递和文件处理，民营企业可以提高组织的运营效率，增强企业的形象和信誉，为企业的长期发展创造更有利的条件。

（二）指定文秘主管或负责人

为了有效组织和管理民营企业的文秘工作，指定文秘主管或负责人是非常关键的一步。文秘主管或负责人负责协调文秘工作团队，领导和监督文秘工作的实施，确保文秘工作的顺利运行。以下是指定文秘主管或负责人的重要性和优势。第一，指定文秘主管或负责人有利于统一领导和决策。文秘主管或负责人负责文秘工作团队的管理和协调，能够在决策和安排上提供统一的指导，这样可以避免因多人领导而导致的工作冲突和混乱。第二，文秘主管或负责人可以有效分配工作任务。在文秘工作团队中，不同的文秘人员负责不同的工作内容。文秘主管或负责人可以根据每个人的能力和专业特长，合理分配工作任务，确保工作的高效执行。第三，指定文秘主管或负责人有利于团队的协调和合作。文秘主管或负责人可以协调团队成员之间的合作，解决工作中出现的问题和矛盾，建立团队合作的良好氛围。第四，文秘主管或负责人负责对团队成员进行培训和指导，他们可以根据团队成员的需求，组织培训活动，提升团队成员的技能和知识水平，确保团队的整体素质和业务水平得到提升。第五，通过指定文秘主管或负责人，民营企业可以实现文秘工作的专业化和规范化。文秘主管或负责人通常具有丰富的文秘工作经验和管理能力，能够有效领导团队，推动文秘工作的有效实施。他们可以与企业领导层紧密合作，了解企业的需求和要求，将文秘工作与企业的战略目标和发展规划相结合。

综上所述，指定文秘主管或负责人是民营企业文秘工作组织的重要环节。通过有序的组织和管理，指定专业的文秘主管或负责人，民营企业可以确保文秘工作的高效运行，提高组织的运营效率。

（三）制定文秘工作职责和流程

为了确保民营企业文秘工作的高效运转，制定文秘工作职责和流程是非常重要的一步。文秘工作职责和流程的明确化可以帮助文秘工作人员清楚了解自己的工作职责，明确工作流程，提高工作效率，避免工作冲突和混乱。在制定文秘工作职责时，需要明确文秘工作人员在工作中应承担的具体职责，如文件处理、会议协调、信息传递、行政支持等。不同的职责需要不同的技能和能力，因此明确职责可以帮助企业更好地匹配人员和岗位，确保人员能够胜任相应岗位。同时，制定文秘工作流程是确保文秘工作有序进行的关键。文秘工作涉及多个环节，如文件的收集、整理、归档和传递，会议的安排和纪要撰写，信息的传递和沟通等。通过制定标准化的工作流程，可以规范每个环节的操作，避免出现错误和纰漏，提高工作效率。在制定文秘工作职责和流程时，需要充分考虑企业的实际情况和需求。不同的企业可能有不同的文秘工作模式和需求，因此制定的职责和流程应该与企业的战略目标和运营模式相适应。此外，制定文秘工作职责和流程需要与文秘工作团队成员进行沟通和协商。团队成员可以提供合理的意见和建议，确保制定的职责和流程能够得到团队的认可和支持。通过制定文秘工作职责和流程，民营企业可以实现文秘工作的专业化和规范化。文秘工作人员可以根据标准化的工作流程进行工作，确保工作的有序进行，他们可以在不同的工作环节中发挥各自的专业特长，提高工作效率和质量。

综上所述，制定文秘工作职责和流程对于民营企业文秘工作的组织非常重要。通过明确文秘工作人员的工作职责和任务，规范工作流程和操作，民营企业可以实现文秘工作的高效运转，提高组织的运营效率，增强企业的形象和信誉，为企业的长期发展创造更有利的条件。

（四）设立文件管理系统

民营企业文秘工作的组织中，设立文件管理系统是至关重要的一部分。文件管理系统是指为了有效管理和归档各类文档和文件而建立的专业系统，它可以帮助企业高效地收集、整理、存储和检索文件，确保文件的安全性和完整性。以下是设立文件管理系统的重要性和优势。第一，文件管理系统可以提高文件管理的效率。传统的文件管理方式可能会导致文件遗失、混乱和难以查找，而文件管理系统可以使文件管理更加规范和有序。文秘工作人员可以通过文件管理系统快速地找到需要的文件，节省时间和精力。第二，文件管理系统有助于文件的安全存储。一些文件可能涉及商业机密和敏感信息，需要进行保密处理。文件管理系统可以设置访问权限，确保只有授权人员才能访问和查看相关文件，防止文件被泄露和不当使用。第三，文件管理系统可以方便文件的共享和协作。在企业中，不同部门和团队可能需要共享和使用同一份文件。文件管理系统可以实现文件的共享和协作，提高团队间的沟通和合作效率。第四，文件管理系统可以帮助企业实现文档的电子化管理。传统的纸质文件管理需要大量的物理存储空间，而文件管理系统可以将文件电子化存储，节省存储空间，降低存储成本。通过设立文件管理系统，民营企业可以实现文秘工作的数字化和智能化。文秘工作人员可以通过电子设备轻松访问和管理文件，大大提高工作效率。此外，文件管理系统还可以实现文件的备份和恢复，确保文件的安全性和可靠性。

综上所述，设立文件管理系统对于民营企业文秘工作的组织是非常重要的。通过建立高效、安全、智能的文件管理系统，民营企业可以提高文秘工作的效率和质量，确保文件的安全和完整。

（五）培训文秘工作人员

在民营企业文秘工作的组织中，对文秘工作人员进行培训是非常重要的一项任务。培训文秘工作人员可以提高其专业知识和技能，增强其工作能力，提升整个文秘团队的综合素质。以下是培训文秘工作人员的重要性和优势。第一，培训文秘工作人员可以提高其专业知识和技能。文秘工作涉及文件处理、会议协调、信息传递等多个方面，需要具备一定的专业知识和技能。通过培训，文秘工作人员可以了解最新的工作方法和技巧，掌握专业知识，提高工作水平。第二，培训文秘工作人员可以增强其沟通和协调能力。文秘工作通常需要与不同部门和人员进行沟通和协作，需要具有良好的沟通技巧和协调能力。通过培训，文秘工作人员可以提高沟通能力，更好地与他人合作，确保工作的顺利进行。第三，培训文秘工作人员可以提高其处理复杂问题的能力。在文秘工作中，可能会遇到一些复杂的问题和情况，需要快速准确地作出决策和处理。培训可以帮助文秘工作人员学习解决问题的方法和技巧，增强其处理复杂问题的能力。第四，培训文秘工作人员还可以增强其团队合作意识。文秘工作通常是团队合作的工作，需要与团队成员紧密合作，共同完成任务。通过培训，文秘工作人员可以学习如何更好地配合和协作，建立团队合作的意识。通过培训文秘工作人员，民营企业可以实现文秘工作的专业化和规范化。文秘工作人员可以根据培训内容和方法，不断提升自己的工作能力，为企业的发展贡献更多力量。培训还可以激发文秘工作人员的学习兴趣，增强其主动学习和自我提升的意识。

综上所述，培训文秘工作人员对于民营企业文秘工作的组织是非常重要的。通过培训，文秘工作人员可以提高专业知识和技能，增强沟通和协调能力，提高处理问题的能力，增强团队合作意识，这些都有助于提高文秘工作的效率和质量。

（六）加强团队合作和沟通

在民营企业文秘工作的组织中，加强团队合作和沟通是至关重要的。文秘工作通常涉及多个环节和不同部门之间的协作，良好的团队合作和沟通是确保工作高效顺利进行的关键。第一，加强团队合作可以提高工作效率。文秘工作往往需要多个人员共同合作完成，如果团队合作不够紧密，可能会导致工作进度延误、出现信息传递错误等问题。通过加强团队合作，团队成员可以相互支持、配合，共同完成工作任务，提高工作效率。第二，加强团队合作有助于凝聚团队的凝聚力和向心力。团队成员之间的紧密合作可以增进彼此的信任和理解，增强团队的凝聚力，形成团结一致的工作氛围，这将有助于激发团队成员的工作热情和积极性，共同追求团队的目标。第三，加强团队合作可以优化资源配置。文秘工作涉及多个环节，每个环节可能需要不同的资源支持。通过团队合作，可以更好地协调各项资源，避免资源浪费和重复投入，实现资源的优化配置。除了团队合作，加强沟通也是文秘工作的关键要素。良好的沟通可以确保信息传递的准确和及时，避免信息传递出现偏差和误解。团队成员之间应该保持畅通的沟通渠道，及时交流工作进展、问题和需要支持的事项。通过加强团队合作和沟通，民营企业可以优化文秘工作的执行，提高工作效率和质量。团队合作可以形成协同效应，使团队成员共同协作，发挥各自的优势，提升整个团队的综合能力。沟通的畅通可以减少信息传递的误差和阻碍，确保信息的准确和及时传递，有利于工作的顺利进行。

通过以上分析可知，加强团队合作和沟通对于民营企业文秘工作的组织是非常重要的。通过团队合作，团队成员可以相互支持、配合，共同完成工作任务，提高工作效率；通过畅通的沟通，可以确保信息的准确和及时传递，有利于工作的顺利进行。

（七）确保保密工作落实

在民营企业文秘工作的组织中，确保保密工作的落实是非常重要的一项任务。保密工作涉及企业的商业机密和敏感信息，必须进行严格的管理。以下是确保保密工作落实的重要性和优势。第一，保密工作的落实可以保护企业的商业机密。民营企业通常拥有自己的独特经营模式、商业计划、客户信息等重要资料，这些信息对企业的竞争力和发展至关重要。通过严格的保密工作，可以防止商业机密的泄露，保护企业的核心竞争优势。第二，保密工作的落实可以防止敏感信息的泄露。民营企业可能涉及一些敏感信息，如员工的个人信息、财务数据等，这些信息需要得到妥善保护，以防止不法分子利用这些信息进行欺诈等。第三，保密工作的落实有助于建立企业的信誉和声誉。保密是企业的基本责任和义务，严格遵守保密规定可以帮助企业树立良好形象，增加客户和合作伙伴的信任和认可。此外，保密工作的落实还可以避免法律风险和损失。一些敏感信息的泄露可能导致企业面临法律诉讼和赔偿，给企业造成巨大损失。通过严格的保密工作，可以降低企业面临的法律风险。为了确保保密工作的落实，民营企业可以采取一系列措施。首先，设立专门的保密管理部门或岗位，负责监督和管理保密工作。其次，建立完善的保密制度，明确保密的范围、标准和责任。再次，加强对员工培训，提高员工对保密工作的认识和重视程度。最后，通过技术手段加强信息安全保护，确保敏感信息的安全存储和传输。

由此可见，确保保密工作的落实对于民营企业文秘工作的组织至关重要。通过严格遵守保密规定，保护企业的商业机密和敏感信息，可以保护企业的核心竞争优势，树立企业的良好形象，避免法律风险和损失。

二、民营企业文秘工作的实施

民营企业文秘工作的实施是确保文秘任务高效完成的关键过程。实施文秘工作需要严格遵循预定的流程和策略，以确保工作顺利、高效地进行。以下是民营企业文秘工作实施的关键要点。

（一）文件处理

在民营企业文秘工作的实施中，文件处理是一个重要且常见的任务。文件处理涉及对各类文件的收集、整理、分类、归档以及传递等工作，是文秘工作中的核心部分。文件处理的流程通常如下。首先，文秘工作人员需要及时收集各类文件，包括来自上级领导、部门同事以及外部合作伙伴的文件。这些文件可能是会议记录、决议文本、报告材料、函件等，文秘工作人员需要确保文件收集全面和及时。其次，在收集到文件后，文秘工作人员需要进行整理，将文件按照类别、日期或重要性进行分类，这样可以方便文件的后续处理和查找，提高工作效率。然后，对于不同性质的文件，文秘工作人员需要进行分类，例如分为行政文件、财务文件、人事文件等，以便日后的管理和使用。接着，将各类文件进行归档。归档是将文件妥善存放的过程，文秘工作人员需要将已处理的文件归档至相应的文件夹或文件柜中，这样可以确保文件的安全和保密，方便日后的查阅和使用。在处理文件时，文秘工作人员可能需要将文件传递给相关部门或人员。在传递过程中，要确保文件的准确传递和传递记录的保存，避免信息的丢失或传递错误。保密是文秘工作的重要方面，文秘工作人员需要严格遵守保密规定，确保敏感文件的安全和保密，防止信息被泄露。最后，对文件进行处理后，文秘工作人员需要保持文件区域的整洁和有序，以便日后的工作和查阅。对于不再需要的文件，需要及时清理和回收，确保文件区域的空间充足和整洁。

总的来说，文件处理是民营企业文秘工作实施中的核心任务。通过及时收集、整理、分类、归档和传递文件，文秘工作人员能够高效地处理各类文件，确保企业日常运营的顺利进行。同时，严格遵守保密规定和保持文件区域的整洁，也是文件处理工作中不可忽视的重要环节。

（二）会议协调

民营企业文秘工作的实施中，会议协调是一个至关重要的任务。通过高效的组织和协调，文秘工作人员能够确保会议的顺利进行，促进内部沟通和决策的高效达成。同时，会议记录和后续跟进工作也是会议协调中不可忽视的重要任务，能够为企业的发展提供有力的支持和保障。

（三）信息传递

在民营企业文秘工作的实施中，信息传递是一个至关重要的任务。有效的信息传递可以保障企业内部各部门之间的沟通和合作，有助于信息及时准确地传递给相关人员，促进工作的顺利开展。以下是信息传递的实施过程。首先，文秘工作人员需要及时获取和收集各类信息，包括来自上级领导、部门同事以及外部合作伙伴的信息。这些信息可能涉及企业的重要决策、行业动态、市场情况等，文秘工作人员需要确保信息收集全面和及时。其次，文秘工作人员需要对收集到的信息进行整理和分类，将其归纳整理成易于理解和传递的形式。在整理信息时，要注重准确性和完整性，确保信息的可信度和有效性。接着，文秘工作人员需要根据信息的性质和重要程度，选择合适的传递方式。信息传递的方式可以包括口头沟通、书面文件、电子邮件、内部通知等。在选择传递方式时，要考虑信息的紧急程度和传递对象的特点，确保信息能够及时传递到位。在信息传递过程中，文秘工作人员需要注意信息的准确传递和及时传递，避免信息传递过程中出现错误或滞后，影响工作的进展和决策的准确性。同时，文秘工作人员还需要确保信息的保密性。对于涉及敏感信息或机密内容的信息，要严格遵守保密规定，确保信息不会泄露或被未授权人员访问。最后，在信息传递完成后，文秘工作人员还需要跟进信息的执行情况。他们可以与相关部门或人员进行沟通，了解信息的处理进展情况，及时解决可能出现的问题或困难。

总的来说，信息传递是民营企业文秘工作实施中的关键任务，通过及时准确地传递信息，文秘工作人员可以促进企业内部各部门之间的沟通和合作，推动工作的高效进行。同时，保障信息的保密性和跟进信息的执行情况，也是信息传递工作中不可忽视的重要环节。通过有效的信息传递，民营企业可以更好地应对市场竞争和挑战，为企业的发展提供有力的支持。

（四）行政支持

在民营企业文秘工作的实施中，行政支持是文秘工作的重要职能之一。行政支持包括为企业高层领导和各部门提供协助和服务，以确保企业运营的高效和顺利。总的来说，行政支持是民营企业文秘工作实施中的重要职能。通过为高层领导和各部门提供协助和服务，文秘工作人员可以促进企业的高效管理和运营。行政支持不仅涉及日常事务的处理，还涉及时间管理、会议协调、信息传递等多个方面，是文秘工作中不可忽视的重要工作内容。通过高效的行政支持，民营企业可以更好地应对挑战和机遇，推动企业的长期发展。

（五）保密工作

在民营企业文秘工作的实施中，保密工作是一项至关重要的职责。保密工作涉及对企业内部的敏感信息和机密内容进行严格的保密，以防止信息泄露和未授权的访问。以下是保密工作在民营企业文秘工作实施中的关键内容。首先，文秘工作人员需要了解和熟悉企业的保密政策和规定。他们应该明确哪些信息属于敏感信息或机密内容以及如何妥善处理这些信息。遵守企业的保密规定是保密工作的基本前提，文秘工作人员必须始终如一地遵守这些规定。其次，文秘工作人员需要对接触的敏感信息和机密内容保持高度的警惕性。在处理这些信息时，文秘工作人员应该严格控制接触范围，并采取必要的保密措施，以防止信息的泄露。接着，文秘工作人员应该加强信息传递和存储的安全措施。在传递敏感信息时，文秘工作人员应该选择安全的传递方式，如加密电子邮件或专用通道传递。在存储敏感信息时，文秘工作人员应该将其保存在安全的地方，如密码保护的文件夹或文件柜。在保密工作中，文秘工作人员需要对外部人员进行审查，确保只有授权人员才能获取敏感信息。文秘工作人员应该核实对方的身份和授权，避免向未授权人员透露敏感信息。另外，文秘工作人员还应该加强内部保密意识的培养。民营企业可以组织相关培训和宣传活动，让企业员工认识到保密的重要性，避免因疏忽或不当操作导致信息泄露。最后，文秘工作人员应该及时报告和处理任何可能的信息泄露事件。一旦发现信息泄露或存在安全漏洞，应该立即通报相关部门，并采取处置措施，以避免信息的进一步损失。

综上所述，保密工作是民营企业文秘工作实施中不可或缺的一部分。通过遵守保密政策、严格控制敏感信息的接触、加强信息传递和存储的安全措施以及加强内部保密意识的培养，文秘工作人员可以有效地保护企业的敏感信息和机密内容，确保企业信息安全，为企业的长期发展提供有力的保障。

（六）外联联络

在民营企业文秘工作的实施中，外联联络是一个重要的职责。外联联络涉及与外部合作伙伴、客户、政府部门以及其他组织进行沟通和合作，以促进企业与外界的良好关系，拓展合作机会，增进企业的声誉和影响力。以下是外联联络在民营企业文秘工作实施中的关键内容。首先，文秘工作人员需要建立并维护与外部合作伙伴的联系。这包括与供应商、客户、业务伙伴等建立密切的沟通渠道，了解他们的需求和要求，及时回应他们的问题和反馈，以确保合作关系的稳固和顺利进行。其次，文秘工作人员需要与政府部门进行联络。这包括与相关政府部门沟通，了解政策法规和行业标准，以确保企业的运营符合相关法律要求。此外，文秘工作人员还可能需要向政府部门提交相关申请和报告，与政府合作解决企业面临的问题和挑战。接着，文秘工作人员需要参与行业交流和活动，他们可以代表企业参加行业协会的会议和活动，与其他企业代表进行交流和合作，获取行业动态和市场信息，为企业的发展提供参考和支持。在外联联络过程中，文秘工作人员需要保持良好的沟通和协调能力，能够有效地传递企业的信息和立场，理解外部合作伙伴的需求和要求，并及时反馈给企业相关部门，以促进合作的顺利进行。另外，文秘工作人员还应该注重维护企业的形象和声誉。文秘工作人员可以通过及时回应客户的问题和反馈，解决客户的疑虑和问题，增加客户的满意度和忠诚度。然后，文秘工作人员还可以通过参与公益活动和社会责任项目，为企业树立良好的社会形象，增加企业的社会影响力。最后，文秘工作人员还需要做好外联联络的记录和跟进工作。文秘工作人员应该及时记录与外部合作伙伴的沟通内容和结果，进行跟进和回访，确保合作事宜得到妥善处理和落实。

综上所述，外联联络是民营企业文秘工作实施中的重要职责。通过与外部合作伙伴和政府部门的沟通和合作，参与行业交流和活动，保持良好的沟通和协调能力，维护企业形象和声誉，文秘工作人员可以为企业拓展合作机会，增进企业的声誉和影响力，为企业的发展和长远目标提供有力的支持和保障。

（七）文件管理

在民营企业文秘工作的实施中，文件管理是一项至关重要的职责。文件管理涉及对企业内部文件的收集、整理、存储、传递和归档等工作，以确保文件的有效管理和利用。通过收集、整理、存储、传递和归档等工作，文秘工作人员可以有效管理企业内部的文件和资料，确保文件的有效利用和保密，为企业的决策和运营提供有力的支持。文件管理的规范和有效执行，有助于提高工作效率，减少信息泄露的风险，为企业的长期发展打下坚实基础。

（八）会议记录和跟进

在民营企业文秘工作的实施中，会议记录和跟进是一项重要的职责。会议记录和跟进涉及对企业内部会议的记录和整理，以及对会议讨论的结果和决议进行跟踪和执行。通过准确记录会议内容、整理会议记录、跟踪会议决议的执行情况，文秘工作人员可以为企业内部的沟通和决策提供支持和保障。同时，通过会议纪要的形式进行信息传递和共享，还可以确保会议内容的准确传达和共享，为企业的高效运营和决策提供有力的支持。

第四章
民营企业行政管理的制度建设

第一节　行政管理制度的必要性和意义

行政管理制度的意义非常重大，它在组织运作中扮演着至关重要的角色，它的必要性和意义在于确保组织或机构的高效运作、合规性，以及有效管理资源和人力。以下是行政管理制度的一些必要性和意义。

（一）实现组织规范与稳定

行政管理制度的必要性和意义之一在于规范组织动作，满足组织的规范化和稳定性需求。在多样化的组织中，没有有效的管理制度来指导和规范运作，很容易出现混乱和不确定性，导致组织运作效率低下，甚至可能造成严重的错误和损失。行政管理制度为组织提供了一套标准化的指导方针和程序，确保组织内部的各项工作和流程有序进行。在组织规范化和稳定性方面，行政管理制度发挥着关键作用，具体体现在以下几个方面。第一，它规范了标准化的流程。行政管理制度规定了组织内各个业务流程的标准操作程序，明确了各个环节的职责和权限，避免了流程混乱和工作交叉，确保了工作的高效运转。第二，它规范了决策过程。行政管理制度明确了决策的程序和方式，规范了决策的权限和层级，避免了决策的随意性和个人意愿的干预，保障了决策的科学性和公正性。第三，它管理了资源配置。行政管理制度确立了资源配置的原则和机制，包括人力、财力、物力等资源的分配和利用，确保资源的合理使用和优化配置。第四，它关注了人员管理。行政管理制度明确了人员管理的规范和程序，包括招聘、培训、考核、晋升、福利待遇等方面的规定，保障了员工权益，激发了员工的积极性和创造力。第五，它明确了内部监督机制。行政管理制度设立了内部监督和监控机制，包括各级管理层的相互监督和监督部门的职能，保障了组织内部的监督和权力的制衡，避免了权力滥用和腐败现象。第六，它实施了绩效评估。行政管理制度设置了绩效评估的标准和方法，对组织内各个部门和个人进行绩效考核，激励优秀员工，提高工作效率，优化组织整体绩效。第七，它确保了信息传递的有效性。行政管理制度建立了信息传递和沟通机制，确保组织内部信息的畅通流动，保障了决策的科学性和准确性，提高了组织应对外部环境变化的能力。

综上所述，行政管理制度对于组织规范化和稳定性具有至关重要的作用，它为组织提供了一套行为准则和管理规范，促进了高效有序的工作运行，增强了组织的稳定性和竞争力。此外，行政管理制度还为组织的发展和改进提供了指导和支持。

（二）提高工作效率

行政管理制度的必要性之二在于提高工作效率。在组织内部，行政管理制度通过规范和优化工作流程，确立明确的职责分工和权限，减少决策层级，降低信息传递的滞后性以及强化绩效评估和激励机制，从而有效地提高工作效率。第一，行政管理制度通过规范工作流程和标准操作程序，确保每个工作环节都能有序推进，这避免了冗余、重复的工作，减少了资源和时间的浪费，使得工作能够高效进行。第二，行政管理制度明确了各个岗位和部门的职责和权限，避免了重复工作和职责不明确的问题。员工清楚自己的工作职责和权限范围，可以更专注于自己的工作，提高工作效率。第三，行政管理制度强调决策的科学性和迅速性。通过明确决策的程序和权限以及及时的信息传递和反馈机制，使得决策更加准确和快速，不会因为信息滞后而导致耽误工作进度。此外，行政管理制度还通过绩效评估和激励机制来推动员工提高工作效率。对员工工作表现进行定期评估，通过奖惩机制来激励员工积极工作，这些都能够增强员工的工作动力，进而提高整体工作效率。

总的来说，行政管理制度对于提高工作效率具有重要意义，它通过规范工作流程、明确职责和权限、强化决策机制和绩效评估、激励员工等方式，有效地优化组织的工作环境，提高员工的工作积极性，从而实现工作效率的提升，促进组织的健康发展。

（三）确保合规性和遵循法律法规

行政管理制度的必要性之三是确保组织的合规性和遵循法律法规。在现代社会中，组织在开展业务活动时必须遵守一系列法律法规和政策规定，以确保其行为合法合规，不违反社会公序良俗，维护员工和利益相关方的权益，以及社会的稳定。行政管理制度起到了指导和规范作用，确保组织在各个环节和层面都能符合相关法律法规，主要体现在以下几个方面。第一，行政管理制度明确了组织内部各项工作的规范和标准，明确了员工的行为准则和工作要求，避免了违法违规行为的发生。通过规范的流程和程序，员工在工作中能够明确合规要求，减少违规的风险。第二，行政管理制度强调决策的透明性和公正性。在决策过程中，要充分考虑法律法规的要求，确保决策的合法性和合规性，避免违反相关法律法规的行为。第三，行政管理制度明确了内部监督和审查机制，对组织内部的各项活动进行监督和检查，发现和纠正违法违规行为，防止不当行为的发生，保障组织的合规性。

总的来说，行政管理制度对于确保组织的合规性和遵循法律法规具有重要意义，它通过建立合规性的标准和机制，规范组织的各项工作，强调决策的合法性和透明性，加强内部监督和审查，确保组织在运作过程中不违反法律法规，维护员工和利益相关方的合法权益以及社会的稳定。这样的制度为组织的持续发展和健康运行提供了重要的基础和保障。

（四）有效管理人力资源

行政管理制度的必要性之四是实现有效的人力资源管理。在组织内部，人力资源是宝贵的资产，对于组织的运营和发展至关重要。行政管理制度通过规范和优化人力资源管理的流程，确保其合理配置和高效利用，从而提高组织的竞争力和绩效水平。第一，行政管理制度强调人力资源的管理和培养。它规定了招聘、培训、晋升、激励等人力资源管理的规范和程序，帮助组织招募和留住优秀人才，提高员工的综合素质和能力，促进员工的个人发展和职业成长。第二，行政管理制度设立了绩效评估和激励机制。通过绩效评估，可以客观评估员工的工作表现，发现和解决问题，提高工作效率和质量。同时，通过激励措施，可以激发员工的工作积极性和创造力，提高整体绩效水平。此外，行政管理制度规定了人力资源管理的责任和权限，明确了各个部门和岗位的职责，确保人力资源的有效协调和配合，避免决策权力的滥用和混乱。

总的来说，行政管理制度对于实现有效的人力资源管理具有重要的必要性，它通过规范人力资源管理的流程，优化配置和人力资源的培养，强化绩效评估和激励措施，确保人力资源的高效利用，提高组织的竞争力和绩效水平，这样的制度建设为组织的可持续发展和持续改进提供了关键的支持和保障。

（五）促进信息传递和沟通

行政管理制度的必要性之五是促进信息传递和沟通。在组织内部，信息的传递和沟通是组织运作和决策的重要基础。行政管理制度通过建立有效的沟通渠道和传递机制，确保信息能够及时准确地传达给相关人员，从而促进组织内部的信息流动和有效的沟通。第一，行政管理制度明确了信息传递的渠道和途径。它规定了信息的传递路径，明确了信息由上到下、由下到上以及横向传递的方式，确保信息在组织内部能够畅通无阻地流动。第二，行政管理制度强调了信息传递的准确性和及时性。在信息传递的过程中，要保证信息的准确性，避免信息失真和误导，同时，要确保信息的及时传递，防止因信息滞后而导致的问题。第三，行政管理制度规定了沟通的方式和形式，它鼓励多种沟通方式，包括面对面的交流、会议讨论、书面报告、电子邮件等，以适应不同情况和满足不同需求。此外，行政管理制度还强调开放的沟通氛围，它鼓励员工之间的交流和沟通，倡导员工之间坦诚地交流意见和看法，促进信息共享和团队合作。

总的来说，行政管理制度能够有效地促进信息传递和沟通，它通过建立有效的沟通渠道和传递机制，保障信息的准确和及时传递，规定了多种沟通方式和开放的沟通氛围，促进组织内部的信息传递和有效的沟通。这样的制度建设为组织内部的协调合作和高效运转提供了重要的支持和保障，同时，也有助于组织在面对外部环境的变化和挑战时能够及时获取信息，作出准确的决策，提高组织的竞争力和适应能力。

（六）强化责任追究

行政管理制度的必要性之六是强化责任追究。在组织内部，明确的责任分工和责任追究机制是保障工作高效进行和问题得到解决的关键。行政管理制度通过明确岗位职责和权限，规定责任追究的程序和措施，确保责任落实到位，从而增强组织的执行力和效率。首先，行政管理制度明确了各个岗位和部门的职责和权限。每个员工都有明确的工作职责和权责范围，知道自己应该做什么，应该为自己的工作负责。其次，行政管理制度规定了责任追究的程序和措施。当工作出现问题或责任不落实时，行政管理制度会根据情况进行责任追究，采取相应的纠正措施，确保责任人能够承担相应责任。最后，行政管理制度强调透明和公正。责任追究必须是公开透明的，确保对责任人的追责处理公正无私，避免任性执法和隐蔽追责。此外，行政管理制度还设立了内部监督和审查机制，确保责任追究的公正和有效。通过内部监督，能够及时发现问题，纠正错误，加强对各项工作的监督和检查，防止责任逃避和不负责任现象。

总的来说，行政管理制度能够有效强化责任追究，它通过明确职责和权责、规定责任追究的程序和措施、强调透明公正、设立内部监督机制等方式，确保责任能落实到位，对工作出现问题和责任不落实的情况进行追责处理。这样的制度建设为组织的高效运转和问题的及时解决提供了关键的支持和保障，同时，也有助于激励员工履行职责，提高组织的执行力和绩效水平。

（七）保障公平与公正

行政管理制度的必要性之七是保障公平与公正。在组织内部，公平和公正是组织成员普遍关注的重要问题。行政管理制度通过建立公平公正的工作环境和制度机制，确保所有成员在工作中都能得到公平的对待和公正的评价，从而增强组织的凝聚力和稳定性。首先，行政管理制度规定了公平公正的招聘和晋升机制。在招聘和晋升过程中，要坚持公平、公正的竞争原则，确保所有候选人都有平等的机会，减少人为干预和不当因素的影响。其次，行政管理制度强调公平公正的绩效评估和激励机制，对员工的工作绩效要客观公正地评价，不偏袒、不偏私，激励措施要与绩效水平相匹配，鼓励员工积极进取，提高工作质量和效率。最后，行政管理制度规定了公平公正的待遇和福利制度。员工的薪酬、福利和奖励要按照规定标准执行，避免任意歧视和不公平待遇，保障员工的合法权益。此外，行政管理制度还强调公平公正的决策和处理程序。对于涉及员工利益的重大决策和问题处理，要充分听取员工意见，确保决策过程公开透明、程序公正，确保员工合法权益得到保障。

总的来说，行政管理制度对于保障公平与公正具有重要意义，它通过建立公平公正的招聘和晋升机制、绩效评估和激励机制、待遇和福利制度以及决策和处理程序等方式，确保所有成员在组织内部都能得到公平的对待和公正的评价，这样的制度建设有助于组织营造公平和谐的工作氛围，增强组织的凝聚力和稳定性，推动组织的持续健康发展，同时，也有助于提高员工满意度和忠诚度，吸引和留住优秀人才，提高组织的竞争力。

（八）促进持续改进

行政管理制度的必要性之八是促进持续改进。在快速变化的现代社会，组织面临着不断变化的外部环境和越来越激烈的竞争压力，持续改进成为组织保持竞争力和提高适应能力的关键。行政管理制度通过建立科学有效的管理机制和流程，激发组织内部的创新和改进动力，推动持续改进。首先，行政管理制度规定了持续改进的目标和方向，明确了组织的发展战略和目标，指导组织在持续改进过程中把握方向，避免盲目性和随意性。其次，行政管理制度建立了内部监测和评估机制。通过监测和评估，可以及时发现问题和不足，及时采取纠正措施，推动组织持续改进，避免问题积累和拖延。最后，行政管理制度鼓励创新和优化，它为员工提供创新的空间和机会，鼓励员工不断提出改进意见和建议，推动组织在工作方式、流程和制度上不断优化和改进。此外，行政管理制度还规定了持续改进的权责。每个部门和岗位都有明确的持续改进责任，确保改进工作得到有效推进。

总的来说，行政管理制度对于促进持续改进具有重要意义，它通过规定改进目标和方向、建立内部监测和评估机制、鼓励创新和优化以及明确权责等方式，推动组织持续改进，不断适应变化的外部环境和提高自身竞争力。这样的制度建设为组织的持续发展和持续改进提供了关键的支持和保障，同时，也有助于提高组织的适应和创新能力，实现组织的可持续发展。

（九）保护组织利益

行政管理制度的意义之九是保护组织利益。在复杂多变的商业环境中，组织面临着各种内外部的风险和挑战，需要采取相应的措施来保护自身的利益和稳健发展。行政管理制度的建立和实施有助于组织保护其利益，防范风险，确保稳定运营。首先，行政管理制度明确了组织内部的权责关系和职责分工，确保工作任务在合理的权限范围内进行，从而保护组织的利益。其次，行政管理制度建立了内部监督和控制机制，能够及时发现并纠正可能存在的违规行为和内部失误，防止组织利益受损。最后，行政管理制度规定了合规审批程序和风险评估机制。在重要的决策和投资活动中，行政管理制度规定了合规审批程序和风险评估机制，确保决策的合法性和风险的可控性，从而保护组织的利益不受损害。此外，行政管理制度强调法律合规和遵守商业道德。通过规定法律合规和商业道德的准则，组织成员能够遵守相关法律法规和伦理标准，确保组织在商业活动中合法合规，避免面临法律风险和道德风险。

总的来说，行政管理制度的建立对于保护组织利益具有重要的意义，它明确了组织内部的权责关系和职责分工，建立了内部监督和控制机制，规定了合规审批程序和风险评估机制，强调了法律合规和商业道德，这些都有助于保护组织的利益，防范风险，确保组织稳健发展。保护组织利益是行政管理制度的重要目标之一，也是组织长期稳健发展的基石。

第二节　民营企业行政管理制度的建设思路和方法

一、民营企业行政管理制度的建设思路

民营企业行政管理制度的建设是一个全面而复杂的过程，需要充分考虑企业的实际情况和发展需求。以下是建设民营企业行政管理制度的一般思路。

（一）明确目标和需求

民营企业行政管理制度的建设对企业至关重要。首先，明确目标和需求是建设管理制度的第一步。这需要对企业的发展目标、管理需求以及运营方面进行全面的分析和评估。通过明确目标和需求，企业可以为制度建设提供明确的方向和依据。其次，根据企业的实际情况和特点，制定适合的管理制度。不同的企业在组织结构、业务流程、人员配置等方面存在差异，因此不能简单地套用通用的模板。建设行政管理制度要根据企业的特点和需求，制订切实可行的制度方案。在明确目标和需求的基础上，可以从以下几个方面展开行政管理制度的建设：完善组织架构，明确各个部门和岗位的职责和权限，确保工作任务得到科学分配和协调配合；规范流程和制度，制定规范的流程，确保各项工作按照规定的程序进行，提高工作效率，减少决策失误和工作漏洞；建立监督和评估机制，对制度执行情况进行监督和评估，及时发现问题和不足，进行改进和调整；加强培训和学习，提高员工的管理水平和业务能力，帮助员工更好地理解和执行制度，提高工作效率和质量；强化信息技术支持，借助信息技术，

建立数字化的行政管理系统，提高工作效率和信息传递的准确性；不断改进和优化，持续总结经验，发现问题，进行优化和改进，适应外部环境的变化，不断调整和完善行政管理制度。

总的来说，建设私营企业行政管理制度需要明确目标和需求，完善组织架构，规范流程和制度，建立监督和评估机制，加强培训和学习，强化信息技术支持，不断改进和优化。这些措施能够帮助企业建立起高效、规范、适应性强的行政管理制度，为企业的健康发展提供坚实的支撑。

（二）完善组织架构

民营企业行政管理制度的建设思路需要从多个方面着手，其中完善组织架构是至关重要的一环。首先，企业应该进行组织架构的全面审视和分析，这包括对现有组织结构的评估，了解各个部门和岗位的职责和权限，以及人员配置的合理性。同时，也要考虑企业未来的发展目标和战略，及可能面临的挑战和机遇。通过深入了解企业的组织结构和运营情况，可以为后续的制度建设提供有力的依据。其次，根据组织架构的分析结果，企业需要进行相应的优化和调整。这可能涉及部门的合并或拆分，岗位职责的重新划分以及人员的调整和培训等。优化组织架构可以提高工作效率，减少重复劳动，提升资源利用率，从而增强企业的竞争力。在完善组织架构的过程中，企业还需要考虑沟通和协调的问题。建设高效的组织架构不仅需要合理划分职责和权限，还需要建立良好的沟通渠道和协调机制。各部门之间的信息传递和资源共享应该得到重视，以确保整个组织能够紧密协作，共同推进实现企业的发展目标。

另外，企业应该设立相关的制度和规范，明确组织架构的实施细则，这些制度可能包括组织机构设置管理办法、职责和权限划分细则、内部沟通和协调机制等。制度的建立可以帮助企业实现组织架构的有效运作，规范各部门和岗位的行为，增强管理的透明度和公正性。最后，企业还需要不断优化和改进组织架构，以适应外部环境的变化和企业内部的发展需要。随着企业的壮大和业务的扩展，组织架构可能需要进行动态调整，以保持其有效性和适应性。

总之，完善组织架构是民营企业行政管理制度建设的重要一环。通过深入分析和优化组织架构，建立相关的制度和规范并不断优化和改进，企业可以建立一个高效、协调、适应性强的组织架构，为企业的健康发展奠定坚实的基础。

(三) 规范流程和制度

民营企业行政管理制度的建设思路中，规范流程和制度是非常重要的一环。建设规范的流程和制度可以帮助企业确立明确的工作程序，提高工作效率和质量，减少管理风险。首先，企业应该对现有的工作流程进行全面梳理和分析，了解各个业务环节的具体步骤，查明工作中可能存在的问题和障碍。通过流程梳理，企业可以发现工作流程中的瓶颈和低效环节，为制定规范的流程和制度提供基础。其次，制定规范的流程和制度，确立明确的工作程序和执行标准。这些流程和制度涵盖文件处理、会议协调、信息传递、行政支持、保密工作等方面，具体细化每个环节的步骤和要求，规范各项工作的执行流程。在制定流程和制度时，应该充分考虑企业的实际情况和特点，避免过于僵化和烦琐。流程和制度应该具有灵活性，能够适应企业的发展变化，同时还应该兼顾工作的高效性和规范性。建设规范的流程和制度还需要充分的沟通和培训。企业应该向员工详细介绍制定的流程和制度，让员工了解工作的规范要求和操作方法。通过培训，员工可以掌握正确的工作方法，提高工作效率和准确性。制定规范的流程和制度也需要得到相关部门和员工的支持和配合。企业应该积极听取员工的意见和建议，在制定过程中充分征求他们的意见，使得制定的流程和制度更加符合实际情况和员工需求。最后，企业需要建立监督和评估机制，对流程和制度的执行情况进行监督和评估。通过监督和评估，可以及时发现问题和不足，并及时进行改进和调整，保障规范的流程和制度得到有效执行。

总的来说，规范流程和制度的建设是民营企业行政管理制度建设的重要组成部分。通过梳理工作流程，制定规范的流程和制度并进行沟通和培训，建立监督和评估机制，企业可以提高工作效率和质量，降低管理风险，为企业的稳健发展奠定坚实基础。

(四) 建立监督和评估机制

建立监督和评估机制是民营企业行政管理制度建设的重要一环。这一机制的建立可以帮助企业监控制度执行情况，及时发现问题和不足，并进行改进和调整，确保制度的有效执行和持续改进。首先，企业应该明确监督和评估的目标和指标。监督和评估的目标应该与企业的发展战略和管理需求相一致，明确衡量制度执行情况和管理效果的具体指标。这些指标可以包括工作效率、资源利用率、绩效指标等，也可以包括员工满意度、客户满意度等。其次，企业需要建立相应的监督和评估机制，这包括制定监督和评估的程序和流程，明确监督和评估的责任部门和人员。监督和评估的过程应该具有科学性、公正性和透明性，避免产生主观偏见和不公平评价。在实施监督和评估的过程中，企业可以采用多种方法，如定期检查、业绩考核、满意度调查等。这些方法可以从不同角度和层面评估制度的执行情况和管理效果，帮助企业全面了解制度的实施情况。同时，企业应该建立及时反馈和改进机制，监督和评估的结果应该及时向相关部门和人员反馈，发现问题和不足应及时进行改进和调整。企业可以组织专门的改进项目或小组，针对问题制定相应的改进措施，确保问题得到解决和改进。此外，监督和评估机制还需要得到领导层的重视和支持。企业领导应该高度重视监督和评估工作，将其纳入企业的日常管理和决策过程中，对监督和评估工作给予足够的资源和支持。

总的来说，建立监督和评估机制是民营企业行政管理制度建设的关键一环。通过明确目标和指标，建立科学公正的监督和评估机制，及时反馈和改进，企业可以实现对制度执行情况的有效监控和管理效果的持续优化，为企业的健康发展提供有力支撑。

（五）加强培训和学习

加强培训和学习是民营企业行政管理制度建设的重要方面。培训和学习可以提高员工的管理水平和业务能力，帮助员工更好地理解和执行制度，提高工作效率和质量。首先，企业应该进行培训需求分析，了解员工的培训需求和学习意愿，这可以通过员工调查问卷、面谈或集体讨论等方式进行。通过需求分析，企业可以确定培训的重点和内容，确保培训的针对性和有效性。其次，企业应该制订全面的培训计划。培训计划可以包括内部培训、外部培训和岗位培训等多种形式。内部培训可以由企业内部的专业人员进行培训，外部培训可以借助专业培训机构或专业人士进行培训，岗位培训可以针对不同岗位设置专门的培训内容。在培训实施过程中，企业应该关注培训的质量和效果。培训内容应该与实际工作密切相关，能够帮助员工解决实际问题和提高工作能力。培训方式和时间可以灵活安排，以方便员工参与和学习。培训的内容可以涵盖行政管理方面的知识和技能，如文件处理、会议协调、信息传递等，也可以涵盖管理理论和实践方面的知识，如团队管理、决策思维、沟通技巧等。通过多样化的培训内容，员工可以全面提升自己的管理能力和综合素质。除了定期培训外，企业还可以鼓励员工自主学习和学习交流，可以设立学习小组或学习平台，让员工可以在工作之余学习和交流，相互借鉴经验和教训，促进共同成长和进步。

总的来说，加强培训和学习是民营企业行政管理制度建设的重要一环。通过深入了解员工的培训需求，制订全面的培训计划，注重培训质量和效果，鼓励员工自主学习和交流，企业可以提高员工的管理水平和业务能力，为行政管理制度的有效执行打下坚实基础。

（六）强化信息技术支持

强化信息技术支持是民营企业行政管理制度建设的重要方面。在信息时代，有效利用信息技术可以提升企业的管理效率和精确性，加强对行政管理制度的执行和监督。首先，企业应该对现有的信息技术基础进行评估和改进，了解企业已有的信息技术设施和系统，查明其在行政管理中的应用情况和效果。通过评估，确定信息技术应用中存在的问题和不足，为后续的强化提供依据。其次，企业需要根据行政管理的实际需求，引入适合的信息技术支持工具和系统，包括电子文件管理系统、会议协调平台、信息传递和沟通工具等。这些工具和系统可以帮助企业更加高效地进行文件处理、会议协调、信息传递等行政管理活动。同时，企业应该加强员工的信息技术培训，提升员工的信息技术应用能力。员工需要掌握相应的信息技术操作技能，以便能够熟练使用相应的信息技术工具和系统，更好地支持行政管理制度的执行。信息技术支持还可以加强对行政管理过程的监控和评估。通过信息技术工具和系统，企业可以实时获取相关数据和信息，对行政管理的执行情况进行监控和评估。这样可以及时发现问题和不足，并及时采取措施进行改进。另外，企业可以利用信息技术支持开展内部沟通和交流。通过建立内部沟通平台和交流机制，员工可以随时交流信息和意见，促进信息共享和知识传递，加强团队协作和合作。最后，企业应该不断推动信息技术支持的创新和应用。信息技术的发展日新月异，企业应该密切关注最新的信息技术趋势和应用，积极探索创新，不断优化和完善信息技术支持的功能和效果。

总的来说，强化信息技术支持是民营企业行政管理制度建设的重要手段。通过评估现有的信息技术基础，引入适合的信息技术工具和系统，加强员工培训，实现对行政管理过程的监控和评估，促进内部沟通和交流，不断推动信息技术创新，企业可以提升行政管理的效率和精确性，实现行政管理制度的优化和改进。

（七）不断改进和优化

不断改进和优化是民营企业行政管理制度建设的重要思路和方向。随着企业的发展和环境的变化，行政管理制度需要不断地适应和优化，以确保其有效性和适用性。首先，企业应该建立定期的制度评估和反馈机制。定期对行政管理制度进行评估，了解制度的执行情况和效果，发现问题和不足。通过员工意见调查、内部审查和管理层评估等方式，收集员工对制度的反馈和建议，以便对制度及时进行改进和优化。其次，企业应该积极借鉴和学习其他企业的行政管理经验。可以参观其他企业的管理实践，了解其行政管理制度的设计和执行情况，发现好的经验和做法，并加以吸收和借鉴。通过与其他企业的交流和合作，可以推动行政管理制度的不断改进和优化。同时，企业应该关注外部环境的变化，及时调整和优化行政管理制度。外部环境的变化可能影响企业的经营和管理，因此行政管理制度需要及时进行调整和适应，以确保其适用性和有效性。另外，企业应该鼓励员工参与行政管理制度的建设和优化。员工是制度执行的主体，他们对制度的理解和体验非常重要。企业可以组织员工参与制度的讨论和制定过程，征求员工的意见和建议，以便制度更加贴近实际情况和员工需求。最后，企业领导层应该高度重视行政管理制度的改进和优化。领导层的支持和决策对于制度的实施和优化至关重要。企业领导应该认识到制度建设是一个持续不断的过程，鼓励员工提出改进建议，推动制度的优化和提升。

总的来说，不断改进和优化是民营企业行政管理制度建设的重要思路。通过定期评估和反馈，借鉴学习其他企业经验，关注外部环境变化，鼓励员工参与以及领导层的支持，企业可以不断优化和改进行政管理制度，提升其效率和适应性，为企业的健康发展提供有力支持。

二、民营企业行政管理制度的建设方法

民营企业行政管理制度的建设是一个系统性的过程，涉及多个方面，下面列举一些常用的建设方法。

（一）制度设计

在民营企业行政管理制度的建设过程中，制度设计是一个至关重要的方

法。首先，企业需要明确建设行政管理制度的目标和需求，确定制度的主要目标，例如提高工作效率、规范组织运作、保障合规性等，并结合企业的实际情况和发展阶段，明确制度的具体需求。其次，企业应进行调研和分析，了解现有制度的状况，发现问题和不足。同时，借鉴其他企业或行业的经验，学习先进的制度设计理念和做法，为制度的设计提供参考和借鉴。在明确目标和需求的基础上，企业可以制定行政管理制度的框架，包括制度的基本原则、组织结构、职责分工、流程设计等。制度框架应符合企业的实际情况和管理理念，具有可操作性和可行性。随后，企业需要对制度进行细化，明确各项具体规定和操作细节，包括规定相关部门和人员的职责和权限，设计具体的工作流程和操作步骤，确保制度能够在实际应用中得到有效执行。在制度设计的过程中，征求相关部门和人员的意见和建议至关重要。他们是制度执行的主体，对制度设计和实施过程中可能存在的问题和挑战有着深刻的了解。因此，征求意见和建议有助于确保制度的合理性和可行性。在制度设计完成后，可以先进行试行，测试制度的有效性和实施效果。根据试行过程中的反馈和实际效果，对制度进行修订和优化，确保其能够更好地适应企业的实际情况和需求。最后，企业应进行相关培训，确保相关人员对制度内容和执行流程有清晰的认识和理解。同时，通过宣传和推广，提高员工对制度的认同和遵守意愿。通过以上方法，企业可以设计出适合自身实际情况的行政管理制度，为企业的发展提供有效的支持和保障。

（二）参与式制度制定

参与式制度制定是民营企业行政管理制度建设的一种重要方法，这种方法强调员工在制度制定过程中的主动参与和合作，旨在提高制度的可行性和员工对制度的认同度。参与式制度制定包括以下要点。首先，企业应当积极鼓励员工参与行政管理制度的制定过程。在制定制度的初期，可以通过各种形式的会议、座谈、讨论等方式，征求员工的意见和建议，了解员工对现有制度的看法，听取他们的改进建议，从而形成更加全面和实用的制度内容。其次，建立参与式制度制定的机制和流程。明确制度制定的时间表和计划，组织好相应的会议和活动，确保员工有充分的时间和机会参与制度制定的过程。同时，企业要确保参与者的多样性，涵盖不同岗位、不同层级的员工，以获得更广泛的意见和建议。最后，鼓励员工提出创新性的想法和建议。在参与式制度制定的过程中，鼓励员工提出创新性的想法和建议，不拘泥于现有的模式和做法。通过员工的积极参与和创新思维，可以为企业制度的优化和改进提供新的思路和方向。最后，及时反馈和回应员工的意见和建议。在参与式制度制定的过程中，企业应当及时反馈和回应员工的意见和建议，让员工感受到他们的意见得到了重视和采纳，这有助于增强员工对制度的认同感和积极性。通过参与式制度制定，员工不再是制度执行的被动者，而是制度建设的积极参与者和主体。这种方法能够有效地提高制度的可行性和执行力，推动行政管理制度与企业实际情况更好地结合，为企业的发展和稳定提供坚实的基础。

（三）逐步实施

逐步实施是民营企业行政管理制度建设的一种有效方法。由于制度建设涉及组织结构、职责分工、流程设计等多个方面，一次性完全实施可能会面临一些挑战和困难，因此，逐步实施制度可以更好地控制风险，逐步优化和完善制度，确保制度的有效性和可行性。以下是逐步实施制度的要点。首先，确定优先级和重点。在制度建设初期，企业应该明确优先级和重点，选择最需要建设的制度实施。可以先从涉及重要职能和流程的制度入手，逐步向其他制度延伸。其次，逐步完善制度的细节和执行规定。在逐步实施制度时，可以先建立制度的框架和基本原则，然后逐步完善制度的细节和执行规定，这样可以充分考虑实际情况和反馈意见，避免制度出现不合理或不可行的问题。然后，组织好制度实施的培训和推广活动。在制度实施的过程中，要确保相关部门和人员对制度内容和执行流程有清晰的认识和理解。可以通过培训、宣传和推广等方式，提高员工对制度的认同和遵守意愿。最后，及时总结和反馈。在逐步实施制度的过程中，要及时总结经验和教训，收集员工的反馈意见并及时进行调整和优化。通过不断的总结和反馈，不断提升制度的质量和实施效果。

逐步实施制度可以帮助企业有效控制风险，逐步改进和完善制度，确保制度的有效性和可行性。同时，逐步实施也有助于员工逐步适应和接受制度变革，减少对组织的冲击和阻力。通过这种渐进式的方法，企业可以更加稳健地推进行政管理制度的建设，为企业的发展和持续改进提供坚实的支持。

（四）培训和培养

在民营企业行政管理制度的建设过程中，培训和培养是一种重要的方法。通过培训和培养，可以提高员工对制度的理解和遵守意愿，增强员工的专业能力和素质，从而推动行政管理制度的有效实施和落地。以下是培训和培养的关键要点。首先，制订培训计划和方案。在制度建设初期，企业应制订行政管理制度的培训计划和方案，明确培训的内容、对象、形式、时间等。培训内容可以包括制度的基本概念、原则和要求以及具体的操作流程和注意事项。其次，进行培训和教育。企业可以通过内部培训、外部培训、专家讲座等多种形式，对相关人员进行行政管理制度的培训和教育。培训内容可以根据不同岗位和职责的需要进行针对性设置，以提高培训的针对性和实效性。第三，加强实践和指导。在培训过程中，企业可以组织实际操作和模拟演练，让员工在实践中掌握制度的具体应用和执行流程，同时，可以安排专门的辅导员或导师，对员工进行个别指导和帮助。最后，建立培训评估和反馈机制。在培训结束后，企业应当进行培训效果的评估和反馈，了解员工对培训的反应和意见，及时调整和优化培训方案，同时，要对员工的学习情况和实际操作进行跟踪和检查，确保培训的效果得到实际应用和执行。通过培训和培养，员工可以全面了解和掌握行政管理制度的内容和要求，提高专业能力和执行水平，增强对制度的遵守意愿和主动性。培训和培养不仅有助于推动行政管理制度的建设和实施，也为企业的发展和竞争提供了有力的人才支持。

（五）监督和评估

监督和评估是民营企业行政管理制度建设的重要方法，它们是确保制度有效实施和持续优化的关键步骤。在制定行政管理制度时，以下是监督和评估的关键要点。首先，建立监督机制和责任体系。企业应明确制度的执行责任人和监督责任人，建立健全相应的监督机制和责任体系。监督责任人负责对制度执行情况进行监督和检查，确保制度得到切实执行。其次，制定评估标准和指标。为了对行政管理制度进行评估，企业需要制定相应的评估标准和指标。这些指标包括制度执行的情况、效果和影响等方面，旨在客观地评估制度的有效性和实施情况。然后，定期进行评估和检查。企业应定期对行政管理制度进行评估和检查，可以每季度、半年度或年度进行一次。通过评估和检查，发现问题、改进制度，确保制度能够及时适应企业发展的需求。最后，加强信息反馈和沟通。在监督和评估过程中，要及时向相关人员反馈评估结果，让他们了解制度执行情况和评估结论。同时，要加强沟通和交流，听取员工的意见和建议，不断改进和完善制度。通过监督和评估，企业可以确保行政管理制度得到切实执行，发现问题并及时解决，保持制度的灵活性和适应性。监督和评估也是对制度建设效果的检验，为企业的发展提供指导和支持。只有在监督和评估的支持下，行政管理制度才能不断优化，发挥最大的作用，为企业的健康发展和可持续经营提供有力保障。

（六）建立制度宣传和沟通机制

建立制度宣传和沟通机制是民营企业行政管理制度建设的重要方法。制度的宣传和沟通是确保员工充分了解和遵守制度的关键步骤。以下是建立制度宣传和沟通机制的关键要点。首先，制订宣传计划和方案。在制度建立初期，企业应制订行政管理制度的宣传计划和方案，明确宣传的内容、对象、形式、时间等。宣传内容包括制度的背景、目的、意义以及具体的执行要求和预期效果。其次，选择多种宣传途径。为了确保宣传的有效性，企业应选择多种宣传途径，包括会议宣讲、培训讲解、宣传册、电子邮件、企业内部网站等。通过多样化的宣传方式，可以更好地吸引员工的注意和关注。第三，加强沟通和反馈。宣传制度的过程中，要积极与员工进行沟通，了解他们的疑虑和反馈意见，及时解答问题并进行解释。通过有效的沟通，可以增强员工的认同感和遵守意愿。最后，定期进行宣传活动。宣传制度不应只局限于制度建立初期，而应定期进行宣传活动，以确保员工对制度的理解和记忆。可以将宣传活动与其他企业活动结合起来，形成宣传的氛围和永续性。通过建立制度宣传和沟通机制，企业可以确保员工对行政管理制度的充分了解和遵守。宣传制度可以增强员工对制度的认同感和主动性，促进制度的有效实施。同时，宣传和沟通也是建设和优化制度过程中的重要环节，通过有效的沟通，可以发现问题、解决矛盾，推动制度的不断完善和进步。

（七）持续改进

持续改进是民营企业行政管理制度建设的关键方法。制度建设不是一次性的任务，而是一个持续不断的过程。为了确保行政管理制度始终适应企业的需求和发展，以下是持续改进的关键要点。首先，建立反馈机制。企业应当建立健全制度的反馈机制，定期收集员工和管理人员对制度的意见和建议。通过员工的反馈，企业可以了解制度执行过程中存在的问题和障碍，为改进提供重要依据。其次，定期评估制度的有效性。企业应当定期对行政管理制度进行评估，包括制度的执行情况、效果和影响等方面。评估的结果可以用于发现制度的不足之处，及时改进和优化。然后，借鉴其他企业的经验。企业可以借鉴其他优秀企业的行政管理制度经验，学习他们的成功做法，吸取他们的经验教训。通过借鉴和学习，企业可以汲取有益的经验，推动自身制度的不断进步。最后，持续培训和学习。在制度建设过程中，企业应当持续加强员工和管理人员的培训和学习，提高他们对制度的理解和执行能力。同时，也要倡导学习型组织的文化，让学习和改进成为企业的常态。通过持续改进，企业可以不断提高行政管理制度的适应性和灵活性，保持制度的活力和有效性。持续改进是企业发展和竞争的重要保障，只有不断完善和进步，企业才能在激烈的市场竞争中保持优势和持续成长。

（八）借鉴和学习

借鉴和学习是民营企业行政管理制度建设的重要方法。在制度建设过程中，借鉴其他企业的成功经验和学习行业的最佳实践可以帮助企业更好地设计和优化自己的行政管理制度。以下是借鉴和学习的关键要点。首先，研究其他企业的成功经验。企业可以选择一些行业内具有较高声誉和成功的企业，深入研究他们的行政管理制度，了解这些企业在组织架构、流程设计、人员管理等方面的做法和经验，可以为自己的制度建设提供有益的参考。其次，参加行业交流和学习活动。行业协会、学术研讨会、培训课程等都是学习和交流的好机会。企业可以派员工参加这些活动，与其他企业和专业人士交流经验，了解行业的最新动态和发展趋势。然后，寻求专业顾问的帮助。有时候，企业自身可能缺乏经验或专业知识来设计和优化行政管理制度。在这种情况下，可以考虑寻求专业顾问的帮助，他们可以根据企业的实际情况提供专业化的建议和解决方案。最后，培养学习型组织文化。建设学习型组织是持续学习和创新的重要保障。企业应当鼓励员工不断学习和进修，开展内部培训和知识分享，搭建学习平台和机制，让学习成为企业文化的一部分。通过借鉴和学习，企业可以吸取他人的经验教训，避免重复犯错，有效地优化自己的行政管理制度。同时，学习和创新也是企业发展和进步的重要动力，只有不断学习和改进，企业才能在竞争中保持竞争优势，实现可持续发展。

第三节　民营企业行政管理制度的实施与改进

一、民营企业行政管理制度的实施

民营企业行政管理制度的实施是将制度设计和规定付诸实践的过程，确保制度能够得到有效执行和落地。以下是民营企业行政管理制度的实施步骤和关键要点。

（一）培训与宣贯

民营企业行政管理制度的实施首先需要进行培训与宣贯，以确保所有员工充分了解制度内容和目的，并能有效地执行。培训与宣贯是制度实施的重要环节，它可以通过以下步骤来进行。首先，企业应该制订培训计划，明确培训的目标、内容、方式和时间。应该根据不同岗位和部门的需要，量身定制培训内容，确保培训的针对性和有效性。可以将培训内容分为不同的模块，逐步介绍行政管理制度的各项内容，让员工逐步了解和学习。其次，根据培训计划，企业可以组织内部培训或邀请专业培训机构进行培训。内部培训可以由企业内部的行政管理专家或高级管理人员担任讲师，专业培训机构可以提供更系统和专业的培训课程。培训内容可以包括制度的详细解读、执行要求、操作流程等方面，同时，还可以结合实际案例和互动讨论，增加培训的趣味性和参与度。除了培训，企业还应该进行宣贯活动，通过内部通知、会议、电子邮件等方式向全体员工传达制度的重要内容和意义。宣贯活动可以帮助员工对制度进行更全面的了解，并增强执行的自觉性和主动性。在宣贯过程中，企业可以强调制度对企业发展和员工个人发展的重要性，激发员工的积极性和责任心。为了方便员工学习和了解，企业可以准备相应的学习材料，如制度手册、PPT 讲义等，让员工可以随时查阅和复习，同时，还可以建立在线学习平台，让员工可以灵活地学习和参与培训，提高学习的便捷性和灵活性。在培训与宣贯之后，企业应该对培训效果进行考核。可以通过调查问卷、考试或实际操作等方式，评估员工对制度的掌握程度和理解程度。根据考核结果，及时进行培训的补充和改进，确保培训效果的持续和有效。通过培训与宣贯，民营企业可以让员工全面了解行政管理制度的内容和要求，确保制度的有效执行，同时，培训与宣贯还可以增强员工对制度的认同感和归属感，提高执行的积极性和主动性。在制度实施的过程中，培训与宣贯是一项不可或缺的工作，它为制度的顺利实施奠定了坚实的基础。

（二）分工与落实

民营企业行政管理制度的实施需要明确各个部门和岗位在执行制度中的具体职责和分工，以确保制度可以得到有效地落实。分工与落实是实施过程中的关键步骤，它可以通过以下方式来进行。首先，企业应该详细解读行政管理制度的内容与要求，确保每个部门和岗位都能够清楚理解制度的目标和要求。对于需要执行的具体步骤和流程，也应该进行明确说明，避免执行过程中的不确定性。其次，企业需要明确指定制度执行的具体责任人，确保每个部门和岗位都有相应的责任人负责制度的执行。责任人应该清楚自己在制度实施中的角色和职责，以及需要完成的具体任务。接下来，企业可以组织相关部门和岗位之间的沟通会议，让各个责任人进行交流和协商，明确分工和合作方式。通过沟通会议，可以解决部门之间的协调问题，确保制度可以在各个部门之间顺利执行。在实施过程中，企业应该建立监督机制，对制度执行情况进行监督和检查。可以定期召开执行情况汇报会议，让各个责任人汇报制度的执行进展和存在的问题，及时解决执行过程中的困难和障碍。同时，企业还可以设立奖惩机制，对制度执行情况进行评估，对执行良好的部门和个人给予奖励，对执行不力的部门和个人进行相应的惩罚，以激励各个部门切实落实制度要求。通过明确分工和责任，建立监督机制以及奖惩机制，民营企业可以确保行政管理制度得到有效落实。只有各个部门和岗位都能够充分配合，制度才能真正发挥其作用，为企业的发展和管理提供有力支撑。

（三）监督与考核

在民营企业行政管理制度的实施过程中，监督与考核是至关重要的环节，它可以确保制度得到有效执行和持续改进。以下是在实施中重要的监督与考核措施。首先，企业应建立监督机制，指定专门的监督人或监督部门，负责对行政管理制度执行情况进行的监督和检查。监督人员可以通过定期巡查、现场检查、文件审核等方式，了解各个部门和岗位在实施中是否符合制度要求。其次，企业可以定期召开制度执行情况汇报会议，让各个责任人汇报制度的执行进展和存在的问题。在会议上，可以对执行情况进行深入讨论，找出问题的原因和解决方案，推动制度的有效执行。另外，企业可以采取考核制度，对各个部门和岗位的执行情况进行评估和排名。考核可以根据制度执行的效果、操作流程的规范性、执行中的创新等方面来评估，从而激励各个部门和岗位切实落实制度要求。同时，对于执行良好的部门和个人，可以给予相应的奖励和荣誉，如奖金、表彰证书等，以鼓励他们继续保持良好的执行力。而对于执行不力的部门和个人，可以采取相应的惩罚措施，如扣减绩效奖金、进行培训提升等，以促进其改进和提高执行效率。通过监督与考核，民营企业可以及时发现问题，解决问题，促进制度的持续改进。监督与考核不仅可以确保制度的有效实施，还可以提高员工的责任心和执行意识，促进组织的规范运作和高效管理。最终，有效的监督与考核措施将有助于提升企业的综合竞争力和可持续发展。

（四）问题解决与优化

在民营企业行政管理制度的实施过程中，难免会遇到一些问题和挑战。这些问题可能涉及制度的执行效果、操作流程的改进、员工的培训需求等方面。为了确保制度能够顺利实施，民营企业应采取问题解决与优化的策略，不断改进制度的内容和执行方式。首先，企业应建立问题反馈机制，鼓励员工在实施过程中积极提出问题和意见。可以设立意见箱或建立内部在线平台，让员工可以匿名提供反馈和建议。此外，也可以定期组织员工座谈会或问题讨论会，促进员工之间的交流和共享经验。其次，企业应成立专门的问题解决团队或委员会，负责收集和分析反馈的问题，制订解决方案，并跟踪问题的解决情况。问题解决团队可以由公司高层管理人员和相关部门的负责人组成，确保问题得到及时有效的处理。另外，企业还可以通过定期的制度评估和优化，发现并解决潜在问题。可以设立定期的评估周期，对制度的执行情况、效果和改进效果进行评估。根据评估结果，及时优化制度的内容和执行方式，提高制度的可操作性和适应性。在解决问题的同时，企业应重视员工的培训与学习。可以根据问题的性质和员工的需求，开展相应的培训课程，提高员工对制度的理解和执行能力。培训可以包括制度的具体要求、操作流程的规范化等方面，帮助员工更好地适应和执行制度。最后，企业应倡导持续改进的企业文化，鼓励员工在日常工作中不断提出改进意见和创新点子。可以设立奖励机制，对提出优秀改进意见的员工给予奖励和表彰，激励员工积极参与制度的优化和完善。通过问题解决与优化的策略，民营企业可以不断改进行政管理制度，提高制度的实施效果和员工的满意度。同时，也可以增强员工的参与感和认同感，形成良好的企业氛围和团队合作精神，推动企业的持续发展和成功。

（五）持续改进

民营企业行政管理制度的实施是一个持续不断的过程，需要不断改进和优化，以适应企业发展和外部环境的变化。以下是持续改进的关键要点。首先，企业应该建立一个持续改进的机制。这意味着在制度实施过程中，不仅要及时解决问题，还要定期进行制度的评估和优化。可以设立定期的评估周期，对制度的执行情况、效果和问题进行全面评估，并根据评估结果确定改进方向。其次，持续改进需要倾听员工的声音。员工是制度实施的直接参与者，他们对制度的意见和建议是宝贵的。企业应该积极收集员工的反馈意见，鼓励员工提出改进的建议，并认真考虑采纳。员工的参与和支持是制度持续改进的重要动力。另外，企业可以借鉴其他企业和行业的经验。在实施过程中，可以参考其他企业的最佳实践，学习行业内的成功案例，借鉴他们的经验和教训。通过学习和借鉴，可以避免重复犯错，加快制度改进的进程。持续改进也需要注重数据的支持。企业可以建立制度执行的数据监控和分析系统，收集和分析执行数据，及时发现问题和趋势，并基于数据进行决策。数据驱动的改进可以使制度优化更加客观和有效。最后，持续改进需要领导层的支持和引领。企业领导层应该重视行政管理制度的实施，将其作为重要的战略目标，倡导改进的理念，支持改进的措施，并给予必要的资源和支持。通过持续改进，民营企业可以不断提高行政管理制度的适应性和灵活性，确保制度与企业目标和发展需求保持一致，从而提高管理效率和员工满意度，推动企业持续发展和创新。

（六）建立反馈机制

在民营企业行政管理制度的实施过程中，建立有效的反馈机制是至关重要的。反馈机制可以帮助企业了解制度实施的情况、发现问题和改进方向，从而提高制度的适应性和有效性。企业应该建立一个开放的反馈渠道，设立专门负责反馈的岗位或团队，负责收集和整理反馈信息，并及时向管理层报告，还应该设立一定的反馈周期，定期收集反馈信息并进行整理和总结。通过建立反馈机制，民营企业可以更加及时地了解员工的意见和建议，发现问题并及时解决，推动行政管理制度的持续改进和优化，这将有助于提高管理效率、提升员工满意度，为企业的可持续发展打下坚实基础。

二、民营企业行政管理制度的改进

民营企业行政管理制度的改进是为了适应企业的发展需求和外部环境的变化，提高管理效率和员工满意度，推动企业持续发展。为实现这一目标，企业可以采取以下措施。首先，企业应定期评估行政管理制度的执行效果。通过评估，了解制度的实际执行情况和存在的问题，为制度改进提供依据。评估结果可以从员工满意度、执行效率、合规性等方面进行考察，从而确定改进的方向和重点。其次，建立员工反馈机制是非常重要的。员工是制度执行的直接参与者，他们的意见和建议可以帮助企业发现制度存在的问题和改进的方向。企业应鼓励员工积极提供反馈，并及时采纳和处理他们的建议。引入新技术和管理工具也是改进行政管理制度的一种有效途径。随着科技的发展，许多新技术和管理工具可以帮助企业提高管理效率。例如，可以采用数字化管理工具来简化流程、提高工作效率，或者引入人工智能技术来优化资源分配和决策。此外，加强培训和学习机会对于员工更好地执行制度也是必要的。企业应该提供培训和学习机会，帮助员工掌握制度的要求和流程，从而更好地执行制度。强化内部沟通和协作也是实施行政管理制度改进的关键。行政管理涉及多个部门和岗位之间的协作和沟通。企业应该加强内部沟通和协作，建立跨部门的合作机制，避免信息断层和重复劳动。定期改进制度内容也是必要的。根据企业的发展和变化，行政管理制度也需要不断改进和完善。企业应定期对制度进行更新和调整，确保其与企业目标和实际需求保持一致。最后，建立奖励和激励机制是推动员工更好地执行行政管理制度的重要手段。对制度执行表现优秀的员工给予奖励和认可，可以激励其他员工积极参与和支持制度的执行。通过持续改进和优化行政管理制度，民营企业可以提高管理效率，提升员工满意度，增强企业的竞争力和创新能力，为企业的可持续发展打下坚实基础。

第五章
民营企业行政管理的团队建设

第一节　行政管理团队的重要性和特点

一、行政管理团队的重要性

行政管理团队在企业中扮演着至关重要的角色，其重要性体现在以下几个方面。

（一）协调和整合资源

行政管理团队在企业中扮演着至关重要的角色，其中之一是协调和整合资源。在复杂多样的企业环境中，各部门之间的工作和资源往往相互关联，需要有一个专门的团队来协调和整合这些资源，以确保企业的高效运转和优质服务。协调资源涉及多个方面，包括人力资源、财务资源、物资资源等。行政管理团队负责根据企业的需求和战略目标，合理分配人员和资金，确保各个部门都有足够的支持和资源来完成自己的任务。他们会与各部门负责人进行沟通和协商，了解各个部门的需求和存在的问题，协调资源的分配，以达到整体协同的效果。此外，行政管理团队还要处理各种日常的资源管理问题，例如库存管理、采购计划、设备维护等，他们会制定相关的制度和流程，确保资源的合理利用和节约，防止资源浪费和低效率的情况发生。协调和整合资源是行政管理团队的核心职责之一，它直接关系到企业的运作效率和经济效益。一个高效的行政管理团队能够有效地管理和利用资源，提高企业的竞争力，推动企业持续发展。因此，行政管理团队的重要性在于它能够帮助企业实现资源的最大化利用，确保企业在激烈的市场竞争中保持优势地位。

（二）制定和执行制度

行政管理团队在企业中扮演着至关重要的角色，其中之一是制定和执行制度。在一个组织内，各部门和员工的行为需要遵循一定的规则和制度，以确保企业的运作顺利、有序和合规。行政管理团队负责制定企业内部的各种规章制度，如人事管理制度、财务管理制度、办公流程等。这些制度规定了员工的权利和义务，明确了工作流程和责任分工，帮助企业建立一套科学、规范的管理体系。制度的制定需要充分考虑企业的实际情况和战略目标，同时也要符合相关的法律法规和政策要求。除了制定制度，行政管理团队还要负责监督和执行这些制度的执行情况，他们会定期检查各部门和员工是否按照规定执行制度，如果发现问题，及时采取措施加以纠正。行政管理团队还要与各部门进行沟通和协调，解决制度执行中遇到的问题和困难，确保制度的有效执行。制度的制定和执行对于企业的稳定运营和持续发展非常重要，它有助于规范员工的行为和工作流程，减少管理漏洞和不确定性，提高管理效率和工作质量。制度的执行也有助于保障企业的合规性，避免违法和违规行为，降低企业面临的风险。因此，行政管理团队的重要性在于它能够制定和执行制度，建立一套科学、规范的管理体系，为企业提供有效的管理和运作支持，确保企业的长期稳健发展。

（三）支持决策

行政管理团队在企业中的重要性之一是支持决策。企业的高层领导需要作出许多重要的战略和运营决策，这些战略的决策直接影响着企业的发展和竞争力。行政管理团队扮演着为高层领导提供决策支持和专业意见的角色，帮助他们作出明智的决策。行政管理团队通过对企业内部和外部环境的深入了解和分析，收集和整理各种信息和数据，为高层领导提供重要的参考和决策依据。他们会运用各种管理工具和技术，对企业的运营情况进行评估和分析，发现问题和挑战，并提出解决方案和改进建议。此外，行政管理团队还会与各部门和业务负责人进行沟通和协调，了解他们的需求和问题，帮助他们解决难题和推动项目的实施。他们也会与外部合作伙伴进行沟通和协商，了解市场动态和行业趋势，为高层领导提供对外部环境的认知和预判。行政管理团队的决策支持不仅包括战略决策，还涉及日常的运营决策，他们负责制定和执行企业内部的各种规章制度和管理流程，确保企业运作的顺利进行，解决运营中的问题和难题。综上所述，行政管理团队的重要性在于它能够为高层领导提供决策支持和专业意见，帮助他们作出明智的战略和运营决策。通过对企业内部和外部环境的了解和分析，以及与各部门的沟通和协调，行政管理团队能够提供全面的决策支持，为企业的发展和竞争力提供有力保障。

（四）提高管理效率

行政管理团队在企业中的重要性之一是提高管理效率。在复杂多样的企业环境中，各个部门和业务之间相互联系，需要有一个专门的团队来协调和管理各项工作，以确保企业的高效运转。行政管理团队负责制定和执行企业内部的各种规章制度和管理流程，确保各个部门和员工都遵循统一的标准和规范，避免工作重复和混乱，他们会优化工作流程，简化审批程序，提高工作效率，减少不必要的等待和延误。此外，行政管理团队还会运用各种管理工具和技术，对企业的运作情况进行评估和分析，及时发现问题和瓶颈，并采取措施加以解决，他们会与各部门负责人进行沟通和协调，推动项目的实施，确保各项工作按时完成，提高整体管理效率。行政管理团队还负责对企业内部和外部的资源进行合理配置和管理，确保资源的最大化利用，他们会根据企业的战略目标，合理分配人员和资金，确保各个部门都有足够的支持和资源来完成自己的任务，这有助于避免资源的浪费和低效率的情况发生。总体而言，行政管理团队的重要性在于它能够提高企业的管理效率。通过制定和执行规章制度、优化工作流程、合理配置资源等方式，行政管理团队能够帮助企业提高整体管理效率，提高工作质量和产出，从而增强企业的竞争力和可持续发展能力。

（五）保障企业稳定发展

行政管理团队在企业中的重要性还体现在保障企业的稳定发展。在竞争激烈、环境复杂的市场中，企业需要高效的行政管理团队来应对各种挑战，确保企业持续健康发展。首先，行政管理团队负责制定企业内部的各项规章制度和管理流程，确保企业运营过程中遵循法律法规和各种规范。通过建立科学的管理制度，规范员工的行为，减少管理风险和纠纷的发生，这有助于维护企业的声誉和形象，降低企业面临的法律风险，保障企业的稳定运营。其次，行政管理团队负责资源的合理配置和管理，确保企业能够充分发挥自身优势，提高资源的利用效率，他们会根据企业的战略目标和市场需求，合理分配人力、资金和其他资源，确保企业在各个方面都有足够的支持，有能力应对市场的波动和挑战。另外，行政管理团队还负责对企业的运营情况进行监督和评估，及时发现问题并采取措施加以解决，他们会与各部门负责人进行沟通和协调，确保企业各项工作按计划有序进行，防止出现严重的管理失误和运营风险。通过上述措施，行政管理团队能够保障企业的稳定发展，他们在制度建设、资源配置、运营监督等方面发挥着重要作用，帮助企业规范运作，优化资源利用，提高管理效率，从而保障企业的持续稳定发展。在竞争激烈和市场环境不确定的情况下，一个高效的行政管理团队是企业稳定发展的重要保障。

（六）促进内部沟通与合作

行政管理团队在企业中的重要性之一是促进内部沟通与合作。在复杂多样的企业环境中，各个部门和业务之间需要密切合作，共同推动企业的发展和目标的实现。行政管理团队扮演着协调者和沟通者的角色，帮助不同部门之间建立良好的沟通渠道，促进信息的传递和交流。行政管理团队会组织各种形式的会议和沟通活动，邀请各部门负责人和员工参与，大家共同讨论问题、分享经验、解决难题。通过彼此的沟通和交流，各部门之间可以更加了解彼此的工作内容和需求，找到共同点和协作机会，增进相互之间的理解和信任。此外，行政管理团队还会在企业内部推广和倡导开放的沟通文化，鼓励员工之间直接交流，跨部门合作，打破信息孤岛，促进信息的共享和传递，他们会建立信息传递的渠道和平台，确保重要信息能够及时传达到各个部门，避免信息滞后和沟通不畅的情况。行政管理团队还会推动团队合作和跨部门项目的推进，他们会协调各个部门的资源和能力，确保项目能够按时完成，达到预期的目标。通过这种跨部门合作，不仅可以提高工作效率，还可以激发团队成员的创造力和合作精神，促进企业整体的发展。综上所述，行政管理团队在企业中的重要性在于它能够促进内部沟通与合作。通过组织沟通活动、推广开放的沟通文化、协调跨部门合作等方式，行政管理团队能够帮助不同部门之间建立良好的沟通关系，促进信息的传递和共享，推动团队合作和项目的顺利推进，从而增强企业的凝聚力和竞争力。

（七）提高员工满意度

行政管理团队在企业中的重要性还体现在提高员工满意度。一个高效的行政管理团队可以为员工提供良好的工作环境和支持，满足员工的需求，增强员工对企业的认同感和归属感，从而提高员工的满意度。首先，行政管理团队负责制订和执行员工福利政策和激励机制，确保员工获得合理的薪酬和福利待遇，他们会关注员工的工作表现和贡献，通过激励措施和奖励机制来鼓励员工积极表现，提高员工的工作动力和满意度。其次，行政管理团队还负责员工培训和职业发展规划，帮助员工提升专业技能和职业素养，增强员工在岗位上的能力和自信。通过提供培训和发展机会，行政管理团队可以满足员工的学习需求，增加员工的职业发展机会，提高员工的满意度和忠诚度。另外，行政管理团队还负责处理员工关系和解决员工问题，确保员工的合法权益得到保障，他们会建立健全员工投诉和反馈机制，及时解决员工的问题和困扰，增强员工对企业的信任和满意度。最后，行政管理团队还会关注员工的工作生活平衡，提供灵活的工作安排和福利政策，关心员工的身心健康，他们会组织各种员工活动和文化建设，增进员工之间的交流和友谊，营造积极向上的企业文化，提高员工的满意度和幸福感。综上所述，行政管理团队在企业中的重要性在于它可以提高员工满意度。通过制订合理的福利政策和激励机制、为员工提供培训和发展机会、解决员工问题和关心员工的身心健康，行政管理团队可以满足员工的各种需求，增强员工对企业的认同感和忠诚度，提高员工的满意度和工作动力，为企业的稳定发展和竞争力提供有力支持。

（八）确保企业合规性

行政管理团队在企业中的重要性还在于确保企业的合规性。随着法律法规的不断演变和复杂化，企业需要遵守各种法律、规章和政策，以确保自身的合法运营和经营。行政管理团队负责监督和执行企业的合规政策，保证企业在经营过程中遵守相关法规和规范。首先，行政管理团队会关注企业的内部管理制度，确保其与法律法规相一致，并通过制度的建立和执行来规范企业的各项活动。例如，他们会制定财务管理制度、人力资源管理制度、安全生产制度等，以确保企业在各个方面符合法律法规的要求。其次，行政管理团队会进行风险评估和合规审查，及时发现和纠正企业可能存在的合规风险和问题，他们会对企业的经营活动进行全面的合规性检查，发现潜在的风险隐患，并采取相应的措施加以解决，以确保企业的合规性和稳健经营。另外，行政管理团队还会与相关政府部门保持密切的合作和沟通，了解最新的法律法规变化和政策要求，并及时将其传达给企业各部门，确保企业在法律法规的适用上保持敏感和及时反应。最后，行政管理团队会定期组织合规培训和宣贯活动，提高员工对法律法规的认知和理解，增强员工的合规意识，他们会向员工传递合规的重要性，并教育员工如何遵守相关法律法规，防范合规风险。综上所述，行政管理团队在企业中的重要性还在于确保企业的合规性。通过建立合规制度、进行合规审查、与政府部门合作、开展合规培训等方式，行政管理团队可以确保企业在经营过程中合法合规，降低合规风险，为企业的稳健发展提供有力支持。

二、行政管理团队的特点

行政管理团队在企业中具有以下几个特点。

（一）综合性

行政管理团队的综合性是其重要特点之一。他们需要协调企业各个方面的工作，拥有多领域的知识和技能，包括跨部门协调，确保各个部门之间的合作和沟通，协同推进企业整体发展。行政管理团队还需要处理和解决多种不同类型的问题，涉及人力资源管理、财务管理、市场营销、运营管理等多个方面。在决策过程中，行政管理团队需要进行综合决策，权衡不同的利益和因素，以达成整体最优的决策结果。为此，他们需要对企业所处的行业有深入的了解，了解行业的特点、趋势和竞争情况，以制定相应的战略和策略。行政管理团队成员通常需要具备广泛的知识面，包括经济学、管理学、法律法规等方面的知识，以便更好地解决复杂的管理问题。此外，他们还需要具备良好的沟通能力，能够有效地传递信息和指导工作。在实践中，行政管理团队需要发挥领导和团队管理能力，带领团队协同合作，共同实现企业的目标。通过综合性的工作和决策，行政管理团队能够保障企业的稳定发展，提高管理效率，促进内部沟通与合作，确保企业合规性，提高员工满意度，促进企业持续改进，为企业的长期发展奠定坚实的基础。因此，综合性是行政管理团队不可或缺的重要特点。

（二）决策权

行政管理团队的特点之一是拥有决策权。作为企业中的高层管理团队，行政管理团队承担着制定和执行重要决策的责任，他们需要在面对各种复杂情况和挑战时作出明智的决策，以推动企业的发展和实现既定目标。行政管理团队的决策权涵盖了多个方面，如战略决策、组织决策、人才决策、资源配置决策和风险决策等。战略决策涉及企业的整体定位和发展方向，组织决策关乎企业的架构和管理体系，人才决策涉及招聘、选拔和培养管理人员，资源配置决策涉及财务、技术和人力等资源的合理调配，而风险决策则是评估和管理企业面临的各种风险。行政管理团队的决策权对企业的发展至关重要，他们的决策直接影响着企业的竞争力、运营效率和长期发展。因此，行政管理团队需要具备较强的决策能力和决断力，他们必须了解企业内外部的情况，掌握先进的管理理念和方法，作出科学、客观、全面的决策。同时，行政管理团队也需要充分倾听各方意见和建议，在决策过程中注重团队合作和共识达成。在现代商业环境中，变化和不确定性是常态。行政管理团队需要不断学习和适应新的挑战和机遇，持续改进决策过程，以保持企业的竞争优势。此外，行政管理团队的决策还需要遵循法律法规和商业道德，确保企业的合规经营和社会责任。

总体而言，行政管理团队的决策权是企业成功的关键要素，他们的决策直接决定了企业的发展方向和效率，为企业的稳定发展提供坚实的支持。因此，建设高效、负责任的行政管理团队是民营企业取得持续成功的重要保障。

（三）高效性

行政管理团队的高效性是其重要特点之一。作为企业的领导层，行政管理团队需要在日常工作中高效运作，迅速作出决策并有效地执行。高效性是行政管理团队取得成功的关键要素。高效的行政管理团队具有快速决策的能力，他们通常面临各种复杂的问题和挑战，需要在有限的时间内作出决策。高效的团队能够迅速获取必要信息、分析形势，并作出明智的决策，避免拖延和犹豫。此外，高效的行政管理团队善于沟通，他们能够清晰地传递信息，理解和解释各方意见，确保团队成员之间的顺畅协作。有效沟通有助于减少误解和冲突，提高决策的准确性和执行的顺利性。团队合作也是高效的行政管理团队的特点。行政管理团队通常由多个部门的高级管理人员组成，他们需要紧密协作，共同制定和执行企业的战略和计划。高效的团队合作可以最大限度地发挥各团队成员的优势，推动企业的整体发展。高效的行政管理团队始终把企业的长远目标放在首位，他们的决策和行动都以实现企业的战略目标为导向。他们注重结果，善于追求卓越，确保企业保持竞争优势。在面对不断变化的商业环境时，高效的行政管理团队能够灵活应对各种变化和挑战，及时调整战略和措施，保持企业的敏捷性和适应性。最后，高效的行政管理团队注重流程优化和资源管理，努力提高工作效率，降低成本，确保企业资源的有效利用。

总的来说，高效性是行政管理团队的重要特点，它使得团队能够迅速应对挑战、作出明智决策、推动企业发展，为企业的成功和稳健发展提供坚实支持。

（四）沟通协调能力

行政管理团队的特点之一是具有优秀的沟通协调能力。在组织内，行政管理团队是各部门之间沟通的纽带，也是企业内外信息传递的桥梁，他们需要与上级领导、下属员工、合作伙伴以及外部机构保持密切沟通，确保信息畅通，协调各方利益，推动企业的发展。有效的沟通协调能力有助于团队成员之间的理解和信任。行政管理团队需要明确传达企业的战略目标和决策，确保各级员工对企业的发展方向有清晰的认知。同时，还需要聆听员工的意见和反馈，及时解决问题和难题，增强员工对企业的归属感和满意度。此外，行政管理团队还需要在不同部门之间进行协调，他们需要平衡各部门的利益，协调资源的分配，确保各项工作能够有序进行。良好的沟通协调能力不仅有助于避免部门之间的冲突和竞争，形成团结合作的工作氛围，提高整体工作效率，也有助于与外部合作伙伴建立良好的关系。行政管理团队需要与供应商、客户、政府部门等进行有效沟通，协商合作事宜，解决合作中的问题和矛盾，建立稳固的合作关系，推动企业的业务拓展和发展。

总的来说，沟通协调能力是行政管理团队的重要特点，它能够促进内外部信息传递和理解，提高团队成员之间的合作和信任，推动企业的稳健发展。拥有优秀的沟通协调能力的行政管理团队能够更好地应对复杂的工作环境和挑战，为企业的成功和发展贡献重要力量。

（五）带头作用

行政管理团队的特点之一是具有带头作用。作为企业的领导层，行政管理团队承担着引领和指导全体员工的重要责任，他们需要以身作则，成为员工的榜样，积极展现出高效、负责、专业的工作态度和精神，激励员工全力投入工作，追求卓越。行政管理团队的带头作用在领导决策方面尤为重要，他们需要勇于担当，作出明智的决策，并清晰地传达决策理念和目标。通过积极的决策和执行，团队成员将会对团队的领导层产生信任和认可，进而更加积极地参与到企业的发展中来。除了在决策层面上发挥带头作用，行政管理团队还应在工作中展现出优秀的素质和能力，他们需要积极参与到企业的日常工作中，与员工共同面对挑战，解决问题，促进工作的顺利进行。同时，他们还需要鼓励员工提出创新和改进的意见，支持员工的发展和成长，为员工营造良好的工作环境和氛围。通过带头作用，行政管理团队能够激发员工的工作热情和积极性，增强员工的归属感和责任感，推动企业的稳步发展。团队成员会因为领导层的示范而感到自豪和自信，更加认同企业的价值观和目标，并为实现这些目标而不懈努力。

总的来说，行政管理团队的带头作用是其重要的特点之一。通过成为员工的榜样和引领者，行政管理团队能够激发员工的积极性和创造力，促进企业的稳健发展。拥有带头作用的行政管理团队将会成为企业成功的关键因素之一。

（六）专业性

行政管理团队的一个重要特点是专业性。作为企业的领导层，行政管理团队必须具备丰富的专业知识和技能，以确保企业的各项工作能够高效、有序地进行，他们需要带领团队成员共同实现企业的战略目标，推动企业持续发展。行政管理团队需要了解国家相关的行政法规和政策，确保企业的日常运作合法合规，也需要及时了解政策的变化，适时调整企业的经营策略和运营模式。同时，还需要懂得有效的人力资源管理，包括招聘、培训、激励、绩效评估等方面。他们要能够吸引和留住优秀的员工，提高员工的工作效率和满意度。行政管理团队还需要具备良好的组织和协调能力，确保企业各个部门之间的协作和配合。他们要协调资源的分配，保证各项工作按照计划有序进行。同时，他们需要善于收集、整理和分析各类信息，为企业的决策提供科学依据。他们要能够作出明智的决策，应对复杂的市场环境和竞争压力。此外，行政管理团队需要在紧急情况下快速反应，有效地处理各类突发事件和危机。他们要善于应对各种挑战，保障企业的安全与稳定。

通过专业性的表现，行政管理团队能够为企业提供科学的决策和有效的管理，推动企业实现可持续发展，他们不仅在管理方面具备优秀的能力，还能为企业员工树立良好的榜样，促进员工的专业成长和发展。专业性是行政管理团队不可或缺的特点之一，也是他们能够成为企业核心竞争力的重要保障。

三、行政管理团队的意义

（一）组织协调

行政管理团队在企业中具有重要的意义，其中之一是组织协调。在一个复杂多样的企业组织中，不同部门之间有着各自的职责和任务，而这些部门又必须紧密协作，共同完成企业的目标。行政管理团队的主要责任之一就是确保各个部门之间的协调和配合，使整个企业能够有序运转，达到高效工作的状态。具体来说，行政管理团队通过以下方式实现组织协调的目标。首先，行政管理团队负责与高层领导一起制订企业的发展规划和目标。他们需要将这些规划和目标传达给各个部门，确保每个部门的工作都与企业的整体战略一致。其次，行政管理团队促进各个部门之间的沟通和交流。他们组织例会、沟通会议等活动，让不同部门的负责人可以共同讨论问题、交流经验，解决合作中的难题。此外，行政管理团队负责对企业的资源进行合理分配。他们需要根据各个部门的需求和优先级，分配人力、物力、财力等资源，以确保资源的最优利用。同时，在企业内部，不同部门之间可能会存在利益冲突和合作矛盾。行政管理团队需要及时介入，协调双方的利益，化解冲突，保持合作关系的稳定。最后，行政管理团队需要对各个部门的工作进行监督和评估，及时发现问题并采取调整措施。他们确保每个部门都能够按照既定计划顺利推进工作，保持整体协调性。

综上所述，行政管理团队在企业中的意义之一就是组织协调。他们通过制定规划、促进沟通、合理分配资源和解决冲突等方式，确保企业内部各个部门能够协调合作，共同推动企业实现目标，保持高效运转。这种组织协调能力是企业成功的关键，有助于提高企业的竞争力和适应市场的变化。

（二）决策支持

行政管理团队在企业中的意义之一是提供决策支持。企业经常要面对各种复杂的问题和挑战，需要作出重要的决策来应对不断变化的市场环境和竞争压力。在这个过程中，行政管理团队发挥着重要的作用，为企业领导层提供决策支持和决策建议。具体来说，行政管理团队的决策支持体现在以下几个方面。首先，行政管理团队负责收集和整理各类信息和数据，包括市场趋势、竞争对手动态、行业发展情况等。他们通过市场调研、数据分析等手段，为企业领导层提供全面、准确的信息基础，帮助领导层作出明智的决策。其次，行政管理团队对企业运营进行监控和分析，及时发现问题和机遇。他们通过制定指标和评估体系，对企业的各项指标和业绩进行跟踪，帮助领导层了解企业运营情况，及时调整策略和决策。此外，行政管理团队还参与企业的战略规划和目标制定过程。他们通过深入了解企业的资源和能力，为企业领导层提供实际可行的战略选择和发展路径，帮助领导层作出战略决策。同时，行政管理团队负责协调和沟通各个部门之间的利益和需求。在决策过程中，不同部门可能会有不同的意见和看法，行政管理团队需要协调各方利益，确保决策的合理性和有效性。最后，行政管理团队还负责评估决策的效果和影响，及时反馈给企业领导层。他们通过跟踪决策执行情况和结果，帮助领导层了解决策的效果，为后续决策提供经验和教训。

综上所述，行政管理团队的意义之一就是提供决策支持。他们通过收集信息、监控运营、参与战略规划、协调利益和评估效果等方式，为企业领导层提供决策所需的信息和建议，帮助企业作出明智、科学的决策，推动企业稳健发展。

（三）资源管理

行政管理团队在企业中的意义之一是进行资源管理。在一个复杂多样的企业中，资源的合理配置和管理对于企业的发展至关重要。行政管理团队承担着确保资源的有效利用和合理分配的职责，从而实现企业的高效运作和持续发展。首先，行政管理团队负责对企业的各类资源进行全面的调查和分析，这些资源包括人力资源、物质资源、财务资源等。通过深入了解企业的资源状况，行政管理团队能够为企业领导层提供准确的资源信息，帮助领导层作出明智的资源配置决策。其次，行政管理团队通过制定资源管理制度和流程，确保资源的合理使用和监督。他们建立资源管理的规范和标准，制定相应的流程和程序，以确保资源的使用符合企业的战略和目标，并且遵循合规的原则。此外，行政管理团队还负责资源的分配和调配工作。在企业日常运营中，各个部门和项目都需要不同类型的资源支持。行政管理团队通过协调和分配资源，确保各个部门和项目能够按需获取所需资源，提高资源利用效率。同时，行政管理团队还负责资源的优化和提升工作。他们不仅关注现有资源的管理，还会积极探索新的资源获取途径，寻求资源的优化配置，以提高企业的资源竞争力和创造力。最后，行政管理团队还负责监督和评估资源的使用情况。他们通过建立评估机制，定期对资源的使用效果进行评估和反馈，为企业领导层提供资源使用的情况和建议，以便调整和优化资源管理策略。

综上所述，行政管理团队在企业中的意义之一就是进行资源管理。他们通过调查和分析资源、制定资源管理制度、进行资源分配和调配、优化资源配置和监督资源使用情况等方式，确保企业资源的合理利用和高效管理，为企业的稳健发展和竞争力提升提供有力支持。

（四）管理规范

行政管理团队在企业中的意义之一是确保管理规范。随着企业规模的扩大和业务的复杂化，良好的管理规范对于保障企业的正常运转和稳定发展尤为重要。行政管理团队在这方面发挥着关键作用。首先，行政管理团队负责建立和完善各项管理制度和规范。他们根据企业的特点和需求，制定并不断完善各类管理制度，涵盖人力资源管理、财务管理、行政事务管理等各个方面。这些制度和规范明确了企业内部各种事务的操作流程和标准，使得企业的管理更加规范化和有序。其次，行政管理团队负责推动管理规范的实施和执行。他们与企业各个部门紧密合作，确保制定的管理规范得到贯彻执行。通过持续的监督和培训，行政管理团队帮助企业员工理解和遵守规范，确保管理规范落地生根。此外，行政管理团队还承担着监督和检查的责任。他们定期对企业内部各项管理活动进行审查和评估，确保管理规范的执行情况。如果发现问题或不足，行政管理团队会及时采取措施进行纠正和改进，以保障企业管理的规范性和效果。另外，行政管理团队还在企业内部推动良好的管理文化。他们通过以身作则、树立榜样，引导企业员工自觉遵守规范，培养良好的管理习惯和行为，从而形成积极向上的企业文化。最后，行政管理团队还负责与外部监管部门和合作伙伴保持沟通，确保企业的经营活动符合法律法规和行业标准，维护企业的合法权益。

综上所述，行政管理团队在企业中的意义之一就是确保管理规范。他们通过建立、推动和监督执行各类管理制度和规范，形成良好的管理文化，保障企业经营的规范性和合规性。通过这些工作，行政管理团队为企业的稳健发展和持续成功提供了坚实的保障。

（五）员工激励

行政管理团队在企业中的意义之一是员工激励。员工是企业的核心资源，其积极性和创造力对于企业的发展至关重要。行政管理团队在员工激励方面扮演着重要角色，他们通过制定和实施有效的激励政策，激发员工的工作热情和动力，提高员工的工作效率和贡献。首先，行政管理团队负责制定合理的薪酬和福利政策。他们会根据企业的财务状况、行业规则和员工的表现情况，制订具有竞争力的薪酬方案，包括基本工资、绩效奖金、福利待遇等。通过激励性的薪酬制度，员工能够更加有动力地投入工作，为企业创造更大的价值。其次，行政管理团队关注员工的职业发展和成长。他们会通过培训和学习计划，为员工提供不断学习和进修的机会，帮助员工提升技能和知识水平。同时，行政管理团队会制定晋升和职业发展通道，为员工提供清晰的职业发展路径。这些措施可以激发员工的学习热情和积极性，增加员工对企业的忠诚度和归属感。此外，行政管理团队注重员工的工作环境和福利待遇。他们会关心员工的身心健康，提供良好的工作条件和员工福利，确保员工在舒适和安全的环境下工作。同时，行政管理团队会积极倾听员工的需求和意见，尽量满足员工的工作和生活需求，这样的关心和关怀可以增加员工的工作满意度，提高员工的工作积极性和幸福感。最后，行政管理团队会重视员工的奖励和认可。他们会及时表彰和奖励那些取得优异成绩和有突出表现的员工，通过激励和赞赏，激发员工的工作动力和创造力。

综上所述，行政管理团队在企业中的意义之一是员工激励。通过制定激励性的薪酬政策、关注员工的职业发展和成长、提供良好的工作环境和福利待遇以及及时的奖励和认可，行政管理团队可以激发员工的工作热情和动力，提高员工的工作效率和贡献，为企业的稳健发展和成功创造良好的人力资源基础。

（六）外部沟通

行政管理团队在企业中的另一个重要意义是外部沟通。作为企业的代表，行政管理团队需要与外部的各种利益相关者进行有效的沟通和交流，以确保企业与外部环境的良好关系，并有效应对外部挑战。首先，行政管理团队需要与政府部门进行沟通。政府是企业运营中不可忽视的重要影响因素，政府的政策和法规对企业的发展有着直接的影响。行政管理团队需要与政府部门保持密切联系，及时了解政策变化和法规要求，确保企业的经营活动合规合法。其次，行政管理团队还需要与供应商、客户和合作伙伴进行沟通。与供应商的良好合作关系有助于确保企业的原材料供应和生产运作的稳定性。与客户的有效沟通可以提高客户满意度和忠诚度，增加业务的稳定性和持续性。与合作伙伴的紧密合作可以推动企业的创新和发展，共同开拓市场和应对市场竞争。此外，行政管理团队还需要与社会公众和媒体进行沟通。企业在社会中扮演着重要角色，其经营活动和社会责任事项都会受到公众和媒体的关注。行政管理团队需要及时回应公众的关切和批评，积极回应媒体的报道，保持企业形象的良好和声誉的稳固。最后，行政管理团队需要与行业协会和其他利益相关者进行沟通。行业协会是企业在行业内的代表和交流平台，与其保持紧密联系可以获得行业动态和市场信息，参与行业合作和竞争。与其他利益相关者的沟通可以增加企业的影响力和合作机会。

综上所述，行政管理团队在企业中的意义之一是外部沟通。通过与政府部门、供应商、客户、合作伙伴、社会公众、媒体和行业协会等进行有效的沟通和交流，行政管理团队可以确保企业与外部环境的良好关系，应对外部挑战，促进企业的稳健发展和成功。外部沟通不仅是企业形象和声誉的体现，也是企业可持续发展的重要保障。

第二节 民营企业行政管理团队的组成和职责

一、民营企业行政管理团队的组成

民营企业行政管理团队的组成因企业规模、行业和经营特点而有所不同，一般情况下，包括以下主要职位和角色。

（一）首席执行官（CEO）

民营企业行政管理团队中通常由首席执行官（CEO）作为团队的领导者和核心成员。首席执行官在行政管理团队中担任重要角色，其职责涵盖了企业的战略制定、业务决策和日常管理等方面。作为企业的最高管理者，首席执行官负责领导和指导行政管理团队，确保团队的整体协作和高效运作，他们与企业的董事会和投资者保持紧密联系，向董事会汇报企业的业务状况和发展计划。首席执行官负责制定企业的长期发展战略和目标，确保企业朝着正确的方向前进。他们需要对市场和行业趋势进行深入研究和分析，作出明智的战略决策，使企业保持竞争优势。此外，首席执行官还负责招聘和培养高层管理人员，激励团队成员充分发挥其潜力，推动企业的创新和发展。他们在组织中树立榜样，倡导企业的核心价值观和文化。首席执行官通常与其他高层管理人员共同组成董事会，共同制定企业的战略规划和决策，确保企业能够实现长期可持续发展。他们在企业内部拥有广泛的权力和影响力，是整个企业行政管理团队的领导者和决策者。

首席执行官在民营企业行政管理团队中扮演着至关重要的角色，他们的领导和决策直接影响企业的发展和成功。他们需要具备卓越的领导能力、战略眼光和业务洞察力，使企业能够适应不断变化的市场环境，保持持续增长和竞争力。

（二）行政总裁/总经理

民营企业行政管理团队的组成通常包括行政总裁或总经理。行政总裁或总经理是企业的高级管理者，负责企业整体的行政管理和日常运营。行政总裁或总经理在行政管理团队中担任领导者的角色。他们负责制定和执行企业的战略计划，确保企业的长期发展和效益增长。行政总裁或总经理需要对市场和行业进行深入的分析和研究，以便作出明智的决策，使企业保持竞争优势。此外，行政总裁或总经理还负责招聘和管理高层管理团队，确保团队成员的协作和高效工作，他们需要激励和激发团队成员的潜力，推动企业的创新和发展。行政总裁或总经理在企业内部也需要与各部门和团队保持紧密联系，确保企业的各项工作得到顺利推进。他们需要与其他高层管理人员共同制定企业的战略规划和目标，确保企业朝着正确的方向前进。

行政总裁或总经理在民营企业行政管理团队中起着关键的作用，他们是企业的最高执行者，负责领导企业的整体发展和全面管理，推动企业取得成功和持续发展。他们需要具备卓越的领导能力、战略性思维和专业的业务知识，以应对复杂多变的市场环境，使企业在竞争中保持优势。

（三）财务总监/首席财务官（CFO）

民营企业行政管理团队的组成通常还包括财务总监或首席财务官（CFO）。财务总监或CFO在团队中担任负责财务管理和战略规划的关键角色。财务总监或CFO负责监督和管理企业的财务活动，包括预算编制、财务报告、资金管理、税务规划等，他们需要确保企业的财务状况稳健和合规，为企业的决策提供可靠的财务数据和分析。此外，财务总监或CFO在企业的战略规划和决策中也发挥着重要作用。他们需要与其他高层管理人员密切合作，为企业制定财务战略和目标，确保财务资源的有效利用，实现企业效益的长期增长和盈利。财务总监或CFO还需要与外部合作伙伴、投资者和金融机构保持良好的关系，以获得必要的资金支持和投资，他们需要对市场和行业的金融趋势进行深入的分析和预测，以帮助企业作出明智的投资和融资决策。

财务总监或CFO是企业财务管理和战略规划的专家，为企业的健康发展和成功提供了坚实的财务基础和支持。他们需要具备扎实的财务知识、敏锐的市场洞察力和出色的沟通能力，以确保企业在竞争中保持优势，实现可持续发展。

（四）人力资源总监（HRD）

民营企业行政管理团队的组成通常还包括人力资源总监（HRD），他们在团队中担任负责人力资源管理和员工发展的关键职务。人力资源总监负责制定和执行人力资源策略，以确保企业拥有高效的员工队伍并保持员工的稳定性和满意度，他们需要根据企业的发展需求，规划招聘和人才引进计划，招聘合适的人才，为企业提供稳定的人力资源支持。此外，人力资源总监还负责培训和发展员工。他们需要评估员工的培训需求，并制订相应的培训计划，以提高员工的技能和知识水平，他们还需要关注员工的职业发展和福利待遇，确保员工的工作环境和福利符合法律法规，并能够吸引和留住优秀的人才。人力资源总监在企业的决策中也发挥着重要作用，他们需要与其他高层管理人员紧密合作，为企业提供关于员工和组织的数据和分析，帮助作出人力资源相关的战略决策。

人力资源总监在民营企业行政管理团队中至关重要，他们是企业人力资源管理和员工发展的专家，为企业的人才管理和组织发展提供了关键的支持。他们需要具备广泛的人力资源知识和技能，以确保企业拥有稳定、高效的员工队伍，并能够吸引和保留优秀的人才，实现企业的长期发展目标。

（五）市场营销总监（CMO）

民营企业行政管理团队的组成通常还包括市场营销总监（CMO），他们在团队中负责企业的市场营销和品牌推广。市场营销总监的职责主要包括制定和执行市场营销战略，他们需要根据企业的定位和发展需求，制订推广和营销计划，以提高企业的知名度和市场份额。市场营销总监负责了解和分析市场趋势和竞争对手，帮助企业把握市场机会，制定相应的市场推广策略。此外，市场营销总监还负责品牌推广和传播，他们需要塑造企业的品牌形象，提升品牌价值和认知度，他们会与广告和公关团队紧密合作，制订品牌推广计划，通过各种渠道传播企业的品牌价值和理念。市场营销总监还在企业的产品和服务策略方面发挥重要作用，他们需要了解市场需求和消费者喜好，为企业的产品和服务提供市场定位和差异化的建议，以满足客户需求并提高市场竞争力。在民营企业行政管理团队中，市场营销总监是非常关键的角色，他们是企业市场营销和品牌推广的专家，为企业的市场推广和品牌建设提供了重要的战略指导和支持。他们需要具备广泛的市场营销知识和技能，善于分析市场情况，制定切实可行的市场推广策略，以实现企业的市场目标和业务增长。

（六）销售总监

民营企业行政管理团队的组成通常还包括销售总监，他们在团队中负责企业的销售业务和销售团队管理。销售总监的职责主要包括制定和执行销售战略，他们需要根据企业的发展需求和市场情况，制订销售计划和目标，以实现企业的销售业绩和收入增长。销售总监负责拓展销售渠道，开发新客户，维护和拓展现有客户关系，以提高企业的销售业绩。此外，销售总监还负责销售团队的管理和指导，他们需要招聘、培训和激励销售人员，建立高效的销售团队，确保销售人员的销售技巧和业绩持续提升。销售总监需要制定销售目标和绩效考核标准，对销售团队进行绩效评估和激励，以保持团队的动力和士气。

在民营企业行政管理团队中，销售总监是至关重要的角色，他们直接影响企业的销售业绩和市场份额，是企业实现盈利和增长的关键驱动者。销售总监需要具备丰富的销售经验和市场洞察力，善于发现销售机会和解决销售难题，同时具备良好的领导和团队管理能力，以带领销售团队不断拓展业务，实现企业的销售目标。

（七）研发/技术总监

在民营企业行政管理团队中，研发或技术总监是一个关键的职位。研发或技术总监负责管理企业的研发部门或技术团队，负责研发新产品、技术创新和技术支持。研发或技术总监的主要职责包括制定和实施研发和技术战略，根据企业的发展需求和市场趋势，确定研发和技术的发展方向和重点，他们需要负责研发项目的规划和执行，确保项目按时交付，并符合质量标准和预算要求。此外，研发或技术总监还需要与其他部门合作，提供技术支持和解决技术问题，他们需要与市场营销团队合作，了解市场需求，为产品和服务提供技术支持。同时，他们还需要与生产部门合作，确保产品的生产过程能够达到技术标准和质量要求。研发或技术总监在团队中具有重要的地位，他们的工作直接影响企业的技术竞争力和创新能力，他们需要具备扎实的技术背景和丰富的研发经验，对行业的技术发展趋势有深入的了解。同时，他们还需要具备良好的团队管理能力和沟通协调能力，以带领团队协作高效地完成研发项目和技术支持工作。

总之，研发或技术总监在民营企业行政管理团队中的工作对于企业的技术创新和发展具有重要意义，他们需要不断学习并提升自己的技术水平，紧跟行业的发展趋势，为企业的发展作出积极的贡献。

（八）运营总监

在民营企业行政管理团队中，运营总监是一个关键职位。运营总监负责管理企业的日常运营活动，确保企业高效运作，实现业务目标和战略计划。运营总监的职责包括制定和实施运营策略，优化业务流程，提高生产效率和服务质量，他们需要负责协调各部门的工作，确保各项业务活动协调配合，以实现整体运营的高效和顺畅。此外，运营总监还需要关注企业的成本控制和资源管理，确保企业能够在有限的资源下实现最大化的效益。他们需要对市场和竞争环境进行分析，及时调整运营策略，以应对市场变化和挑战。运营总监在团队中具有重要的地位，他们的工作直接关系到企业的日常运营和业务执行，他们需要具备良好的组织和管理能力，能够有效地协调各个部门的工作，解决运营中的问题和挑战。同时，他们还需要具备较强的决策能力和应变能力，能够在复杂的市场环境中作出明智的决策。

总之，运营总监在民营企业行政管理团队中的工作涉及企业的日常运营和业务实施，对于企业的稳健发展和持续增长具有重要影响。他们需要不断学习和提升自己的管理和决策能力，紧跟市场的发展和变化，为企业的成功发展贡献力量。

（九）品牌公关总监

民营企业行政管理团队中的品牌公关总监是负责企业品牌形象和公共关系的重要职位。品牌公关总监主要负责制定和执行品牌推广和公关策略，以提高企业的知名度和声誉，增强企业与客户、合作伙伴和社会各界的沟通与合作。品牌公关总监通常负责以下工作。首先，品牌公关总监负责制定企业品牌策略，包括品牌定位、价值主张、品牌识别和传播计划等，确保企业品牌形象与企业愿景和价值观相一致。其次，他们会建立和维护与媒体的良好关系，负责对外发布企业的重要消息和活动，并处理媒体报道和危机公关。此外，品牌公关总监还负责企业在各大社交媒体平台上的管理和传播，与客户进行互动，增加品牌曝光度，他们也会组织和策划各类企业活动和宣传推广活动，提高企业的知名度和认可度。另外，品牌公关总监还与客户建立良好的沟通和合作关系，增强客户对企业的信任和满意度。在出现负面事件或危机时，品牌公关总监会及时处理和应对，维护企业的声誉和形象。同时，他们也会定期评估和监测企业品牌形象，了解市场反馈和客户需求，及时调整品牌策略。

总之，品牌公关总监通过有效的品牌推广和公关策略，可以提升企业的竞争力和知名度，增加客户和投资者的信任和支持，为企业的稳定发展和长期成功打下坚实基础。

（十）法务总监

民营企业行政管理团队中的法务总监是负责法律事务和合规管理的重要职位。法务总监的主要责任是确保企业在经营过程中合法合规，防范法律风险，为企业的发展提供法律保障。法务总监通常负责以下工作。首先，法务总监负责监督和管理企业的法律事务，包括合同审查、法律风险评估、诉讼和仲裁等，他们会对公司的合同进行审查，确保合同内容合法合规，并保护企业的权益。此外，法务总监会对企业的经营活动进行法律风险评估，及时发现和解决潜在的法律问题，降低企业面临的法律风险。其次，法务总监会负责处理和应对涉及企业的诉讼和仲裁事务，他们会与外部律师团队合作，代表企业进行诉讼或仲裁，并确保企业的合法权益得到保护。此外，法务总监还会为企业提供法律咨询和建议，指导企业在法律层面上的决策和运营。另外，法务总监也会负责企业的合规管理，他们会跟踪和解读相关法律法规的变化，确保企业的经营活动符合法律法规的要求，他们还会制定并推动企业的合规政策和流程，培训员工遵守法律规定，防范合规风险。在民营企业行政管理团队中，法务总监的角色至关重要。通过有效的法律风险管理和合规管理，可以保护企业的利益，降低法律风险，为企业的稳定发展提供坚实支持。同时，法务总监还可以为企业的战略决策和发展规划提供法律建议，帮助企业在竞争激烈的市场中取得优势。

（十一）首席信息官（CIO）

首席信息官（CIO）是民营企业中高度重要的行政管理团队成员。CIO 是高级管理人员，负责企业内部信息技术和信息系统的管理，他们的职责包括战略规划和实施 IT 项目以及协调和管理 IT 资源。在民营企业中，CIO 通常拥有丰富的 IT 专业知识和管理经验，承担以下重要职责。CIO 的首要职责是制定和推动企业的 IT 战略，他们必须深入了解企业的运营需求，把握行业趋势，并制订长期的 IT 计划，确保企业在数字化时代的竞争优势。同时，CIO 负责管理 IT 团队和资源，协调各个 IT 部门之间的合作，确保 IT 的高效运作，优化信息系统的设计和架构，以满足企业不断变化的需求。在数字化时代，CIO 在推动企业的数字化转型方面扮演着关键角色，他们引导新技术和数字化解决方案的采用，增强企业的数字能力，并推动业务创新和运营效率提升。同时，CIO 负责确保信息安全和数据隐私，他们建立强大的信息安全管理系统，加强网络防御，并实施数据保护措施，以防止信息泄露和网络攻击，保护企业的信息资产。CIO 还需要紧跟新兴技术趋势，评估其在企业中的适用性，推动技术创新与研究，并为企业提供先进的 IT 支持。他们建立有效的业务与技术沟通和协调，确保 IT 与业务运营紧密结合，为业务发展提供支持和解决方案。

最后，CIO 需要与外部技术供应商和合作伙伴建立战略合作伙伴关系，获取最新的技术和资源，确保企业保持技术领先地位。通过规划和管理信息技术，CIO 为企业的数字化转型、增强竞争力和创新能力提供有效的信息支持和服务。CIO 是企业成功发展的重要推动者和支持者。

（十二）采购总监

采购总监是民营企业行政管理团队中的重要成员之一。他们在企业内负责采购策略的制定和执行，以确保企业获得高质量的产品和服务，并在采购过程中实现成本控制和效率提升。采购总监的职责包括以下几个方面。首先，采购总监负责与供应商建立合作伙伴关系。他们与供应商进行谈判，并达成有利于企业的合同和协议。通过与供应商建立良好的合作关系，采购总监可以获得更有竞争力的价格和优质的产品和服务，为企业节约成本，提高采购效率。其次，采购总监负责制订采购战略和计划。他们根据企业的需求和目标，制订采购计划，并确保采购活动与企业的战略一致。采购总监需要密切关注市场情况和供应链动态，及时调整采购策略，以适应不断变化的商业环境。然后，采购总监负责监督采购流程和程序的执行。他们确保采购过程合规，符合相关法律法规和企业内部规定。采购总监还需要审查供应商的资质和信誉，确保企业选择的供应商具有良好的商业信誉和高质量的产品。此外，采购总监还需要与其他部门密切合作，了解各个部门的采购需求，协调供应链管理，确保物资和服务的及时供应。他们需要与财务部门共同协调预算和成本控制，确保采购活动符合企业的财务要求。最后，采购总监需要定期进行采购绩效评估，分析采购成本和效率，寻找优化的机会，并提出改进建议。他们还需要关注市场趋势和采购技术的发展，不断提高采购团队的专业能力和水平。

总体而言，采购总监通过有效的采购策略和执行，为企业提供了稳定的物资供应和服务支持，帮助企业降低成本，提高效率，从而增强企业的竞争力和可持续发展能力。

（十三）安全部门负责人

安全部门负责人是民营企业行政管理团队中的重要成员之一。他们负责制定和执行企业的安全管理政策和措施，确保企业内部和外部的安全环境。安全部门负责人的职责包括以下几个方面。首先，安全部门负责人负责制定和实施企业的安全管理策略和计划。他们需要对企业的安全风险进行评估和分析，制定相应的安全管理措施，以保障企业的安全和稳定运营。其次，安全部门负责人需要建立和维护企业的安全管理体系。他们需要制定安全管理制度和流程，并确保各个部门和员工严格遵守这些制度和流程。安全部门负责人还需要对员工进行安全教育和培训，提高员工的安全意识和应急响应能力。然后，安全部门负责人负责安全事件的处置和应急响应。他们需要制订应急预案，并组织相关部门和人员进行演练，以应对各种安全事件的发生。在安全事件发生时，安全部门负责人需要迅速作出决策，采取有效措施，最大限度地减少损失。此外，安全部门负责人还需要与相关政府部门和执法机构保持密切联系，了解安全法规和政策的最新动态，确保企业的安全管理符合法律法规的要求。最后，安全部门负责人需要对安全管理工作进行监督和评估，及时发现问题和不足，并提出改进建议。他们需要定期向企业高层报告安全管理情况，为企业决策提供安全方面的建议和支持。

总体而言，安全部门负责人在民营企业行政管理团队中承担着保障企业安全的重要职责。通过有效的安全管理措施和应急预案，他们帮助企业防范安全风险，确保企业的稳定运营，为企业的发展提供坚实的保障。

（十四）环保与可持续发展负责人

民营企业行政管理团队的组成中，环保与可持续发展负责人是重要的一员。随着全球环境问题的日益严重，企业越来越重视环保和可持续发展，环保与可持续发展负责人的角色变得愈发重要。环保与可持续发展负责人的主要职责包括制定和实施环境保护和可持续发展战略，确保企业的经营活动与环境保护相协调，推动企业朝着可持续发展的方向前进，他们还需要监督和落实企业的环保措施，包括废水处理、废气排放、垃圾处理等，确保企业在生产经营过程中不对环境造成污染。此外，环保与可持续发展负责人还需要推动企业实施资源节约和循环利用的措施，减少资源的消耗和浪费，提高资源的利用效率，他们还需要宣传和教育员工充分认识环境保护和可持续发展的重要性，提高员工的环保意识和责任意识。环保与可持续发展负责人还需要了解和遵守相关的环保法规和政策，确保企业在环保方面的经营活动符合法律法规的要求。同时，他们需要制定企业的可持续发展规划，考虑企业的长期发展目标，平衡经济、社会和环境的利益。另外，对企业的环境风险进行评估，提前预防可能出现的环境问题，并制订相应的预案应对突发环境事件也是他们的职责。通过环保与可持续发展负责人的努力，民营企业可以在经营发展中更加注重环保和可持续性，促进企业的健康发展，同时为保护环境作出积极的贡献。

（十五）市场研究与战略规划负责人

市场研究与战略规划负责人的主要职责包括对市场进行深入研究和分析，了解市场趋势、竞争对手和消费者需求，掌握行业发展动态，为企业的决策提供有力的市场情报和数据支持。他们需要通过市场调研和数据分析，识别市场机会和潜在的增长点，为企业的发展提供战略性的建议和规划。在制订市场营销战略时，市场研究与战略规划负责人需要考虑企业的核心竞争力、产品定位和目标市场，制订相应的市场推广策略和营销方案，以增强企业在市场中的竞争优势，拓展市场份额，他们还需监测市场反馈和营销效果，及时调整和优化市场策略，确保市场营销活动的有效执行和落地。此外，市场研究与战略规划负责人还需与其他部门密切合作，协调资源和力量，推动企业整体发展。他们需要与销售团队紧密配合，确保市场营销策略与销售目标一致，实现销售业绩的增长。与产品研发团队合作，根据市场需求调整产品规划和开发方向，提高产品的市场竞争力。与财务团队合作，确保市场营销活动的预算控制和资金使用的有效性。通过市场研究与战略规划负责人的专业指导和决策支持，民营企业可以更好地了解市场和消费者，制订符合市场需求的战略规划，提高企业在市场中的竞争力和市场份额，实现持续稳健的发展。

以上职位和角色并非固定不变，根据企业的需要和发展阶段的变化，可能会有所调整和扩展。同时，一些职位可能会合并或担任多个角色，特别是在小型企业中。关键的是，行政管理团队成员应具备丰富的经验、专业知识和团队合作能力，以共同推动企业的可持续发展。

二、民营企业行政管理团队的职责

民营企业行政管理团队的职责十分重要，涵盖了多个方面，以确保企业的高效运营和持续发展。以下是其主要职责。

（一）制定和执行企业战略

民营企业行政管理团队在企业中担负着制定和执行企业战略的重要职责。他们负责参与和协助企业高层制定战略规划，根据市场状况、竞争对手和企业内部资源等因素，制定长期发展目标和战略方向。同时，行政管理团队要与各部门紧密合作，推动战略目标在各个层面上的具体落实，他们定期监测企业战略的执行情况，并进行评估，以保障战略的有效实施。行政管理团队还要对外部环境进行风险分析，预测可能出现的挑战和机遇，并相应地调整企业战略，以保持企业的竞争力和可持续发展。为了推动企业的战略目标实现，行政管理团队需要合理调配人力、财务和物资等资源，确保企业在战略执行过程中有足够的支持。此外，他们要与市场营销团队合作，制定相应的市场营销策略，以推动企业产品和品牌的发展。同时，行政管理团队还要关注行业的最新发展和技术趋势，推动企业进行创新和技术升级，以保持竞争优势。除了内部工作，行政管理团队还要与外部利益相关者进行有效沟通，包括股东、客户、合作伙伴等，共同推动企业战略的实现。此外，他们还需要协调各部门之间的合作，确保各部门之间的工作互相配合，共同实现企业战略目标。同时，行政管理团队要向全体员工传达企业战略目标和方向，确保每个员工都能理解并参与到战略的实施中。

综上所述，制定和执行企业战略是民营企业行政管理团队的首要职责之一。他们需要具备全面的管理和领导能力，以推动企业持续发展。他们的工作对于企业的长远发展和竞争力至关重要。

（二）规范和优化管理流程

民营企业行政管理团队的第二项重要职责是规范和优化管理流程。在企业运营中，各个部门和岗位都涉及大量的日常管理流程，包括人事管理、财务管理、采购管理、销售管理、项目管理等。这些流程如果不规范或存在问题，可能会导致资源浪费、效率低下，甚至出现错误和疏漏。行政管理团队负责审视和分析企业内部的管理流程，发现存在的问题和瓶颈，并进行改进和优化。他们会与各部门的负责人和员工进行沟通，了解他们在实际操作中遇到的问题和需求，寻求改进的意见和建议。然后，团队会制订出相应的改进方案，并推动其在各个部门落地实施。规范和优化管理流程的目的是提高工作效率和管理水平，减少冗余和重复的工作，优化资源配置，使企业的运营更加顺畅和高效。通过规范流程，可以确保各项工作按照既定的标准和程序进行，减少人为失误和风险，提升工作质量和企业形象。此外，行政管理团队还需要关注和应对外部环境的变化，不断优化管理流程以适应市场和竞争的变化。他们需要密切关注行业的发展动态和最佳实践，汲取先进的管理经验和方法，推动企业持续改进和学习。

综上所述，规范和优化管理流程是民营企业行政管理团队的重要职责之一。通过这项工作，团队可以提高企业的管理效率和水平，推动企业持续发展和竞争力的提升。这对于企业的长期发展和成功至关重要。

（三）资源调配和管理

民营企业行政管理团队的第三项重要职责是资源调配和管理。资源是企业运营的重要因素，包括资金、人力、物资、技术等各方面的资源。行政管理团队负责合理规划和调配这些资源，以支持企业的各项活动和业务发展。在资源调配方面，行政管理团队需要根据企业的战略目标和发展规划，确定各个部门和项目所需的资源量和类型，他们会对现有的资源进行评估和分析，了解资源的利用情况和瓶颈，从而决定是否需要进行增加或优化。团队还会根据企业的优先发展方向，将资源投入最具有战略价值的项目和领域，确保资源的最大化利用和价值输出。同时，行政管理团队也需要负责资源的管理工作，包括对资金的预算和控制，确保企业在经济上运作稳健和高效；对人力资源的招聘、培训和绩效考核，以保障企业有足够的优秀人才支持发展；对物资和技术的采购和运用，确保企业的生产和经营活动顺利进行。资源调配和管理的目的是保障企业的资源供给，使其能够顺利开展各项业务，同时最大限度地提高资源的利用效率和经济效益。合理的资源调配和管理能够为企业提供竞争优势，帮助企业应对市场的变化和挑战，推动企业持续发展。

综上所述，资源调配和管理是民营企业行政管理团队的重要职责之一。通过这项工作，团队可以确保企业拥有足够的资源支持业务发展，提高资源的利用效率，从而增强企业的竞争力和可持续发展能力，这对于企业的长期成功和稳健发展具有重要意义。

（四）决策支持

民营企业行政管理团队的第四项重要职责是提供决策支持。在日常运营和战略规划中，企业领导层需要作出各种决策，涉及市场营销、资金投资、人才管理、产品研发等多个方面。行政管理团队在这个过程中扮演着关键的角色，他们负责收集和分析相关信息，为企业领导层提供决策所需的数据和分析报告。行政管理团队通过收集市场信息、竞争对手动态、行业趋势等数据，帮助企业了解外部环境的变化和影响，同时，他们还会收集和整理企业内部的运营数据和绩效指标，帮助企业领导层了解企业的运营状况和问题所在。这些数据和信息为企业的决策提供了客观的依据。除了数据的收集和整理，行政管理团队还会进行数据分析和预测，帮助企业领导层了解不同决策可能带来的结果和风险。通过科学的数据分析，行政管理团队能够帮助企业避免盲目决策，降低决策风险。在战略规划方面，行政管理团队还会参与制定企业的发展战略和目标，并提供专业的建议和意见。他们会与企业领导层密切合作，共同制定长远的发展规划，确保企业能够朝着正确的方向前进。

决策支持是行政管理团队的一项核心职责，他们的工作直接影响着企业的决策质量和发展方向。通过提供准确、及时的数据和分析，行政管理团队能够帮助企业领导层作出明智的决策，为企业的成功和持续发展提供有力的支持。

（五）人力资源管理

民营企业行政管理团队的第五项重要职责是人力资源管理。人力资源是企业最宝贵的资源之一，而行政管理团队在这方面发挥着至关重要的作用。他们负责规划、组织和实施企业的人力资源策略，以确保企业能够拥有合适的人才，并有效地管理和发展员工。人力资源管理涵盖了招聘、培训、绩效管理、员工福利、薪酬管理、员工关系等方面。行政管理团队会与各部门密切合作，了解各部门的人力资源需求，制订合理的招聘计划，并负责招聘过程的执行，他们会参与面试和选拔过程，确保选聘到合适的人才，为企业的发展提供有力的人才支持。此外，行政管理团队还负责员工的培训和发展计划，他们会根据企业的战略目标和员工的能力需求，制订培训计划，并组织实施各类培训活动，提升员工的专业能力和素质。通过有效的培训和发展，行政管理团队帮助员工不断提升自身价值，同时也为企业的发展提供人才储备。绩效管理也是行政管理团队的职责之一，他们会设计和实施绩效考核制度，对员工的工作表现进行评估和奖惩，激励员工积极工作，促进员工的持续成长和进步。行政管理团队还会关注员工的福利和薪酬待遇，确保员工获得合理的回报和福利，提高员工的满意度和忠诚度。员工关系也是人力资源管理的重要方面。行政管理团队会倾听员工的意见和需求，处理员工的问题和纠纷，维护良好的员工关系，促进团队的凝聚力和合作精神。

总体而言，人力资源管理是民营企业行政管理团队的一项重要职责，他们通过有效的人力资源策略和管理，帮助企业吸引、培养和留住优秀的人才，为企业的长期发展打下坚实的人才基础。

（六）财务管理

民营企业行政管理团队的第六项重要职责是财务管理。财务管理是企业运营中至关重要的部分，行政管理团队在这方面起着重要的作用。他们负责监督和管理企业的财务状况，确保企业的财务健康和稳定发展。首先，行政管理团队会参与制订企业的财务战略和预算计划。他们会与其他部门合作，了解企业的运营需求和发展规划，根据这些信息制订合理的财务目标和预算计划。财务目标和预算计划对于企业的长期规划和决策至关重要，行政管理团队负责确保这些目标和计划的合理性和可行性。其次，行政管理团队会监督企业的财务运营，包括收入和支出的管理。他们会定期审查和分析企业的财务数据，确保企业的收入和支出处于合理和稳定的范围内。在必要时，他们会采取措施调整企业的财务运营，以确保财务状况的稳健和可持续发展。行政管理团队还会负责管理企业的资金流动和资金投资。他们会与财务部门合作，制订合理的资金使用计划，确保企业的资金充足，并合理投资以获取更多的回报。资金管理对于企业的运营和发展至关重要，行政管理团队负责确保资金的合理配置和利用。此外，行政管理团队还会与财务部门合作，进行财务报告和财务分析，他们也会定期向企业高层汇报财务状况和业务运营情况，提供决策支持和参考。财务报告和分析对于企业的决策和规划至关重要，行政管理团队负责确保这些报告准确和及时。

总体而言，财务管理是民营企业行政管理团队的一项重要职责，他们通过有效的财务策略和管理，确保企业的财务健康和稳定发展，为企业的长期发展提供有力支持。

（七）市场营销策划

民营企业行政管理团队的第七项重要职责是市场营销策划。市场营销策划是确保企业产品或服务在市场上得到认可和接受的关键一环。行政管理团队在这方面发挥着重要的作用，他们负责制定和实施有效的市场营销策略，推动企业业务的增长和发展。首先，行政管理团队会参与制定市场营销战略和计划。他们会与市场部门合作，了解市场需求和竞争状况，根据这些信息制定合理的市场营销目标和计划。市场营销目标和计划对于企业的产品推广和销售至关重要，行政管理团队负责确保这些目标和计划的合理性和可行性。其次，行政管理团队会监督市场营销活动的执行。他们会定期审查和分析市场营销数据，了解市场反馈和销售情况。在必要时，他们会采取措施调整市场营销策略，以提高产品或服务的市场份额和竞争力。市场营销活动的执行对于企业的市场地位和品牌影响力至关重要，行政管理团队负责确保市场营销活动的有效实施。行政管理团队还会与市场部门合作，进行市场调研和竞争分析，他们会定期研究市场动态和竞争对手情况，为市场营销策略的制定和调整提供依据。市场调研和竞争分析对于企业的市场定位和战略规划至关重要，行政管理团队负责确保这些工作的顺利开展。此外，行政管理团队还会负责制定市场营销预算和资源配置。他们会与财务部门合作，确定合理的市场营销预算，并确保资源的合理配置，以支持市场营销活动的顺利进行。市场营销预算和资源配置对于市场营销策略的实施和效果的评估至关重要，行政管理团队负责确保这些工作的顺利进行。

总体而言，市场营销策划是民营企业行政管理团队的一项重要职责，他们通过有效的市场营销策略和管理，推动企业的业务增长和发展，提高产品或服务在市场上的认知和接受度，为企业的成功提供有力支持。

（八）风险管理

民营企业行政管理团队的第八项重要职责是风险管理。风险管理是确保企业在经营过程中能够识别、评估和应对各种风险的关键工作。行政管理团队在这方面发挥着重要的作用，他们负责制定和执行有效的风险管理策略，保护企业免受可能影响业务稳健发展的风险因素。首先，行政管理团队会参与识别和评估风险。他们会与相关部门合作，对企业在经营活动中可能面临的各种风险进行全面的识别和评估。这些风险包括市场风险、经济风险、竞争风险、法律风险等。行政管理团队负责确保风险评估的全面性和准确性，为制定有效的风险管理策略提供依据。其次，行政管理团队会制定并执行风险管理策略。他们会根据风险评估的结果制订相应的风险管理计划，明确应对不同风险的措施和方法。这些措施可能包括制订应急预案、购买保险、加强内部控制等。行政管理团队负责确保风险管理策略的有效实施，保护企业的资产和利益。行政管理团队还会与内部各部门进行密切合作，建立风险管理体系。他们会促进信息共享和沟通，确保各部门对风险的认知和理解一致，形成全员参与的风险管理文化。行政管理团队负责确保风险管理体系的健全性和有效性，提高企业应对风险的整体能力。此外，行政管理团队还会密切关注外部环境的变化，及时调整风险管理策略，他们会定期进行风险评估和策略审查，根据外部环境的变化做出相应的调整，这样可以保持风险管理策略的适应性和灵活性，提高企业应对风险的能力。

总体而言，风险管理是民营企业行政管理团队的一项重要职责，他们通过制定和执行有效的风险管理策略，保护企业免受各种风险的影响，确保企业的持续稳健发展，这对于企业在激烈的市场竞争中取得优势、保持竞争力具有重要意义。

（九）与利益相关者沟通

民营企业行政管理团队的第九项重要职责是与利益相关者沟通。利益相关者是指与企业直接或间接相关、可能会受到企业经营活动影响的各方，包括股东、客户、员工、供应商、政府机构、社会公众等。与这些利益相关者进行及时、透明、有效的沟通是行政管理团队的责任和义务。首先，行政管理团队需要与股东进行沟通。股东是企业的所有者，他们对企业的经营状况和业绩非常关注。行政管理团队需要向股东及时披露企业的财务状况、经营成果和未来发展计划，以便股东了解企业的运营情况并作出相应决策。其次，行政管理团队需要与客户进行沟通。客户是企业的重要利益相关者，他们对产品或服务的质量和价值有很高的要求。行政管理团队需要倾听客户的需求和反馈，及时解决客户的问题，提高客户满意度，保持客户的忠诚度。行政管理团队需要与员工保持良好的沟通，了解员工的需求和关注，激励员工发挥他们的潜力，增强员工的归属感和忠诚度。此外，行政管理团队还需要与供应商、政府机构、社会公众等其他利益相关者进行沟通。他们需要与各方建立良好的合作关系，了解各方的需求和期望，平衡各方利益，确保企业的经营活动不会对其他利益相关者造成不利影响。

有效地与利益相关者沟通可以增强企业的公信力和声誉，建立良好的企业形象。同时，及时了解利益相关者的需求和反馈，有助于企业及时调整经营策略，应对各种挑战和风险。因此，有效地与利益相关者沟通是民营企业行政管理团队的重要职责，也是确保企业持续稳健发展的关键因素。

（十）法律合规

民营企业行政管理团队的第十项职责是确保法律合规。在现代商业环境中，企业必须遵守各种法律法规和规范，以确保企业运营的合法性和合规性。行政管理团队在这方面扮演着重要角色，他们需要对企业的各项经营活动进行监督和管理，确保企业的行为符合相关法律要求。首先，行政管理团队需要了解并熟悉适用于企业的法律法规，这包括国家、地区以及行业领域的法律法规，包括公司相关法律法规、劳动法、税法、环保法等。他们需要及时跟进法律的更新和变化，确保企业的经营活动在法律框架内进行。其次，行政管理团队需要制定和实施相应的内部制度和流程，以确保企业各项经营活动的合法性和合规性。例如，制定合规政策和流程，确保员工了解并遵守相关法律规定；建立风险防控机制，预防和应对可能涉及法律风险的情况。行政管理团队还需要加强对员工的培训和教育，提高员工的法律意识，防范企业内部出现违法行为。行政管理团队应该建立举报渠道，鼓励员工对违法违规行为进行举报，以便及时处理和解决问题。此外，行政管理团队需要与企业的法律顾问或法务部门保持密切合作，及时咨询和处理涉及法律问题的事宜，确保企业的法律咨询和法律服务得到专业的支持。

通过有效的法律合规管理，民营企业可以降低法律风险，避免违法行为造成的损失和处罚，维护企业的声誉和利益。同时，遵守法律规定有助于提升企业的公信力，增强客户和投资者的信任，为企业的可持续发展创造良好的环境。因此，法律合规是民营企业行政管理团队的重要职责，也是企业成功发展的基石之一。

（十一）创新和改进

民营企业行政管理团队的第十一项重要职责是创新和改进。在竞争激烈的商业环境中，企业需要不断地创新和改进，以保持竞争优势和适应市场变化。行政管理团队在这方面扮演着关键角色，他们负责推动企业的创新和改进，从而实现持续增长和发展。首先，行政管理团队需要积极鼓励和支持员工的创新精神。他们应该创建一个利于员工提出新想法和创新的文化氛围，鼓励员工不断尝试新方法和新技术，以提高工作效率和产品质量。其次，行政管理团队需要推动企业的管理创新。他们应该关注行业最新的管理趋势和最佳实践，引进先进的管理理念和方法，以提高企业的管理水平和运营效率。行政管理团队还应该主动寻找市场机会和业务拓展方向，并促进业务模式的创新。他们可以与其他团队合作，进行产品创新、服务升级等方面的改进，以满足客户需求并开拓新的市场份额。此外，行政管理团队需要设立创新奖励机制，激励员工在工作中提出创新想法和解决方案。他们应该重视员工的意见和建议，并及时采纳和落实有价值的创新举措。行政管理团队还需要定期评估企业的创新成果，并进行改进和优化。他们应该建立反馈机制，了解创新实施的效果，及时纠正不足，保持创新的持续性和稳定性。

通过积极推动创新和改进，民营企业可以不断增强竞争力，提高市场份额，开拓新的业务领域，实现可持续发展。因此，创新和改进是民营企业行政管理团队的重要职责，也是企业保持活力和成长的动力之一。

（十二）危机应对

民营企业行政管理团队在危机应对方面担负着重要职责。在商业运营中，危机是不可避免的，可能来自内部，如管理失误、员工问题或财务风险，也可能来自外部，如市场变化、自然灾害或政治经济环境的变化。行政管理团队需要积极应对各种危机，以最小化的损失，维护企业的利益和声誉。首先，行政管理团队需要制订健全的危机管理计划，这包括预先识别可能发生的危机情况，并制定相应的应对措施。他们应该明确各个团队成员在危机事件中的职责和责任，确保危机管理流程的顺畅运行。其次，行政管理团队需要保持高度警惕，及时察觉危机的迹象，并采取紧急措施进行干预。他们应该建立及时反馈机制，确保信息的准确传递和处理，以便快速作出应对决策。行政管理团队在危机发生时需要迅速行动，有效地组织资源，协调各个部门的合作，以迅速控制危机局势，并尽量减少损失。他们应该保持冷静和果断，不断调整策略和方案，以适应危机变化的情况。在危机期间，行政管理团队需要及时向利益相关者提供准确的信息，保持透明度，以维护企业的声誉和信誉。他们应该与媒体和公众保持良好的沟通，回应疑虑和批评，传递积极的信息。危机解决后，行政管理团队需要进行后续评估和总结，分析危机的原因和处理过程，总结经验教训，并制定改进措施，以提高危机应对能力。

总的来说，民营企业行政管理团队在危机应对方面的职责是至关重要的，他们需要高度的敏锐和决断力，能够有效地处理各种危机情况，并及时作出适当的决策和采取行动，以保护企业的利益和稳定发展。

（十三）企业文化建设

民营企业行政管理团队在企业文化建设方面也承担着重要职责。企业文化是企业的灵魂，它代表着企业的价值观、信仰、行为准则以及员工之间的相处方式。积极健康的企业文化有助于凝聚员工的共识，激励员工的工作热情，增强团队凝聚力，提升企业绩效。首先，行政管理团队需要树立企业文化的导向和榜样。他们应该以身作则，积极践行企业价值观，推崇诚信、创新、合作等核心价值，成为员工的榜样和引领者。其次，行政管理团队需要制定和传播企业文化。他们应该通过各种渠道，如内部培训、企业内刊、员工大会等，向员工传达企业的文化理念和核心价值观，使员工对企业文化有深刻的认识和理解。行政管理团队还应该建立一套行之有效的文化建设机制。他们应该设立文化建设专门委员会或团队，负责企业文化的制定、传播和执行，定期评估文化建设的成效，并及时作出调整和改进。除了内部员工，行政管理团队还需要将企业文化传递给外部利益相关者。他们应该通过企业形象宣传、社会活动等方式，向外部传递企业文化，树立企业的良好形象。行政管理团队还应该注重企业文化的融合和创新。随着企业的发展和变化，文化也需要不断适应新的环境和要求，他们应该鼓励员工创新和提出新的文化理念，推动企业文化的不断更新和发展。

总的来说，民营企业行政管理团队在企业文化建设方面的职责是非常重要的，他们需要从战略高度来把握企业文化建设的重要性，积极推动文化建设的各项工作，打造积极向上、团结协作、创新拼搏的企业文化，从而促进企业的可持续发展和竞争力提升。

（十四）环保和可持续发展

民营企业行政管理团队在环保和可持续发展方面承担着重要职责。在当今社会，环境保护和可持续发展已成为全球关注的焦点，企业在这方面的表现不仅关乎自身形象和声誉，还对未来发展产生深远影响。首先，行政管理团队需要制定企业的环保政策和可持续发展战略。他们应该明确企业在环保和可持续发展方面的目标和要求，并将其纳入企业的发展规划和决策当中。其次，行政管理团队需要加强资源的有效利用和节约。他们应该推动企业在生产经营中采取节能减排、资源循环利用等环保措施，降低对环境的影响。行政管理团队还应该组织开展环保培训和教育活动，增强员工的环保意识和责任感。他们应该加强对员工的环保宣传和教育，提高员工对环保和可持续发展的认识，激发员工参与环保行动的积极性。另外，行政管理团队需要积极参与社会公益活动和环保项目。他们应该鼓励企业参与环保项目和公益活动，承担社会责任，为环境保护作出贡献。行政管理团队还应该建立环保和可持续发展的监测和评估机制。他们应该设立环保与可持续发展专门委员会或团队，负责监测企业的环保指标和可持续发展进展，定期评估企业在环保方面的表现，并及时采取措施进行改进。

总的来说，民营企业行政管理团队在环保和可持续发展方面的职责是至关重要的，他们需要从战略高度来认识环保和可持续发展的重要性，推动企业在这方面的实践和创新，以实际行动践行企业社会责任，为推动绿色发展和可持续发展作出贡献。

第三节　民营企业行政管理团队的培养与管理

一、民营企业行政管理团队的培养

民营企业行政管理团队的培养是确保企业管理层稳定和持续发展的关键。以下是培养行政管理团队的一些建议。

（一）提供专业培训

民营企业行政管理团队的培养非常重要，提供专业培训是其中关键的一环。通过专业培训，行政管理团队成员可以不断提升管理能力、领导力和增长专业知识，更好地适应企业发展的需要。首先，针对不同职责和职位，为行政管理团队成员制订相应的培训计划，这些培训计划可以包括管理技能的培训，如团队管理、决策制定、项目管理等，以提高他们的管理效率和执行能力。其次，专业培训还应包括领导力的培养。行政管理团队的成员通常是企业中的重要决策者和领导者，因此，他们需要具备优秀的领导力，能够激励团队、引领企业发展。此外，根据不同行业的特点和企业的具体需求，还可以开展相关的专业知识培训。例如，针对金融行业的企业，可以进行财务管理和风险控制方面的培训；对于科技型企业，可以开展信息技术和创新管理方面的培训。提供专业培训不仅可以帮助行政管理团队成员提升自身能力，还能增强其对企业发展的贡献意识和主人翁精神。通过不断学习，行政管理团队成员可以更好地应对企业面临的各种挑战，推动企业持续健康发展。因此，民营企业应该将专业培训纳入行政管理团队的长期发展规划，并持续关注培训效果，不断优化培训计划，提高团队整体素质。

（二）培养内部人才

民营企业行政管理团队的培养应该着重培养内部人才。内部人才是企业中已经有一定工作经验和了解企业文化的员工，他们对企业的运营和发展有更深入的了解，因此培养内部人才可以为企业创造更大的价值。首先，企业应该定期评估内部员工的潜力和发展方向，识别出潜在的管理人才，这可以通过员工绩效评估、360度反馈、岗位竞聘等方式来实现，将潜力较大的员工纳入行政管理团队的候选人名单。其次，企业应为内部人才提供专业培训和发展计划。这些培训可以包括管理技能、领导力、沟通技巧、决策能力等方面的内容，以帮助他们成为优秀的管理者和领导者。同时，企业还可以为内部人才提供跨部门或跨岗位的机会，让他们有机会接触不同领域的工作和项目，拓宽视野，培养综合能力。此外，定期进行内部轮岗或岗位交流，让内部人才有机会在不同的岗位上积累经验，培养全面发展的管理人才。最后，企业应该注重对内部人才的激励和奖励。这可以通过薪酬福利、晋升机会、股权激励等方式来实现，激励他们在行政管理团队中发挥更大的作用。

通过培养内部人才，民营企业可以有效地吸引和留住优秀的员工，同时提升团队整体素质和竞争力。培养内部人才还有助于形成企业独特的文化和价值观，增强员工的凝聚力和归属感，推动企业稳健发展。因此，将培养内部人才作为行政管理团队的重要策略，是民营企业长期发展的关键之一。

（三）寻求外部专业人才

除了培养内部人才，民营企业行政管理团队的培养还应该寻求外部专业人才。外部专业人才通常具有丰富的行业经验和专业知识，他们可以为企业带来新的思路和创意，推动企业更快地适应市场变化和发展需求。首先，企业可以通过招聘渠道，如招聘网站、猎头公司、校园招聘等广泛寻找外部专业人才。在招聘过程中，要明确行政管理团队的职责和要求，以确保招聘到符合企业需要的人才。其次，企业可以邀请行业内有经验和声誉的专业人士担任顾问或顾问委员会成员，为企业提供专业意见和建议。顾问团队的成员可以是退休高管、行业专家或知名学者，他们的经验和见解对于企业的决策和战略规划具有重要的指导作用。同时，企业可以通过外部培训和学习活动，为行政管理团队提供专业知识和技能的更新及升级，其方式可以是参加行业研讨会、培训课程、商学院项目等，以保持团队的竞争力和适应力。另外，民营企业还可以考虑与其他企业或组织建立合作关系，共享管理资源和经验。通过与其他企业的交流和合作，行政管理团队可以学习到不同的管理模式和实践经验，为企业的发展提供借鉴和启示。

总体而言，寻求外部专业人才是民营企业行政管理团队培养的重要途径之一。将内部人才培养和外部人才引进相结合，企业可以构建一个强大的行政管理团队，为企业的发展和稳定作出重要贡献。

（四）建立导师制度

建立导师制度的第一步是选择合适的导师。导师应该是在行政管理领域有丰富经验和出色表现的高级管理人员，他们具有教学和指导的能力，并且对企业文化和价值观有深刻理解。导师要愿意分享知识和经验，关心并支持新人的成长。接下来，确定培养的目标和计划。企业可以根据新人的职责和需求，制订具体的培养计划和时间表，这可以包括在不同部门和岗位之间轮岗、参与重要项目、接受内部培训等，让新人全面了解企业的运作和业务。在培养过程中，导师需要与新人定期进行交流和指导，他们可以共同制订学习计划，定期评估进展，并提供反馈和建议。导师还应该鼓励新人勇于尝试和解决问题，培养其独立思考和解决问题的能力。此外，为了保证导师制度的有效实施，企业应该建立相应的激励机制。对于表现优秀的导师和新人，可以给予一定的奖励和认可，以激发他们的积极性和动力。通过建立导师制度，民营企业可以将知识和经验传承下去，培养出更多优秀的行政管理人才，这不仅有助于提高团队的整体素质，也能为企业的可持续发展奠定坚实的人才基础。同时，导师制度还可以增强团队的凝聚力和向心力，形成积极向上的学习和发展氛围。

（五）培养团队合作精神

培养团队合作精神是民营企业行政管理团队培养的重要方面。团队合作精神是指团队成员之间相互支持、密切配合，为实现共同目标而努力的意识和行动。在行政管理团队中，团队合作精神的培养对于提高工作效率、优化决策和推动企业发展都具有重要意义。为了培养团队合作精神，企业可以采取以下措施。第一，建立共同目标：明确团队的共同目标和使命，让每个成员清楚自己的责任和角色。共同目标可以促使团队成员相互协作，形成紧密的合作关系。第二，鼓励信息共享：鼓励团队成员分享信息和经验，建立开放的沟通氛围。信息共享可以促进团队成员之间的了解和信任，为团队合作打下基础。第三，培养团队精神：开展团队建设活动，加强团队成员之间的沟通和交流。通过团队活动，增进团队成员之间的感情，增强团队凝聚力。第四，奖励团队合作：建立奖励制度，对于团队合作表现优秀的成员给予相应的奖励和认可，激励其他成员学习和践行团队合作精神。第五，加强培训与学习：组织团队合作培训，提升团队成员的团队合作能力和意识。培训可以帮助成员了解团队合作的重要性，学习有效的合作方法和技巧。最后，激励团队目标：将团队合作目标与个人绩效考核相结合，激励团队成员共同努力，共同享有成果。

通过上述措施，民营企业可以逐步培养出具有团队合作精神的行政管理团队。团队合作可以有效地提高工作效率，优化资源配置，提升企业竞争力，是民营企业持续发展的重要支撑。

（六）提供学习机会

为了培养民营企业行政管理团队的专业素质和能力，提供学习机会是非常重要的。学习机会可以让团队成员不断学习新知识、掌握新技能，从而提高整体素质和业务能力。为此，民营企业可以采取多种方式来提供学习机会。首先，组织内部或外部专业培训课程，针对不同职位和岗位的团队成员提供相关培训。这些培训课程可以涵盖管理技能、沟通能力、决策能力等方面，帮助团队成员全面提升职业素养。其次，定期组织学习交流会，让团队成员分享自己的学习和工作经验，互相学习借鉴，共同进步。这种学习交流的形式可以促进团队成员之间的沟通和合作，增强团队凝聚力。此外，还可以安排团队成员参观其他优秀企业，学习其管理经验和成功做法，为自己企业的管理提供借鉴和启示。参观学习可以拓宽团队成员的视野，增加对行业发展趋势的了解，有助于他们更好地应对市场变化。同时，鼓励团队成员自主学习，提供学习资源和学习平台，支持团队成员参加线上学习或读书活动。自主学习可以激发团队成员的学习兴趣和学习动力，使其能够在工作中不断积累经验和提高能力。另外，应鼓励团队成员参加外部专业培训和学习活动，培养广阔的视野和专业知识。通过参加外部培训，团队成员可以接触到更多的专业知识和前沿技术，从而提高自身的竞争力。最后，建立内部导师制度，由经验丰富的高层管理人员担任导师，指导和帮助新人成长。内部导师可以传授自己的管理经验和实践技巧，帮助新人更快地适应企业文化和工作环境。

通过提供学习机会，民营企业可以不断提升行政管理团队的综合素质和专业能力，增强团队的竞争力和执行力，为企业的发展和成长提供强有力的支持。同时，培训和学习也有助于激发团队成员的创新意识和学习动力，推动企业不断创新和进步。

（七）设立激励机制

为了培养民营企业行政管理团队，设立激励机制是至关重要的一环。设立激励机制旨在激发团队成员的积极性、提高工作效率以及促进团队合作，从而为企业的持续发展提供支持。首先，绩效奖励是一种常见的激励方式。通过设立明确的绩效考核体系，对团队成员的工作表现和业绩进行评估，并根据其表现给予相应的奖励，这可以激励团队成员不断努力，提高工作质量和效率，实现个人和团队的优异业绩。其次，为团队成员提供专业培训和学习机会也是一种重要的激励手段。培训可以帮助团队成员提升自己的知识和技能，增强工作能力，从而更好地满足企业发展的需求。同时，企业承担一定的学习费用也表明了对团队成员发展的关注和支持。内部晋升机制也是激励团队成员的重要途径。通过建立明确的晋升渠道和条件，激励团队成员在企业内部寻求职业发展的机会，这可以增加团队成员的职业发展动力，促使他们更加忠诚于企业，为企业的长远发展作出更大的贡献。另外，股权激励也是一种有效的激励方式。对于表现优秀的团队成员，企业可以给予股权激励，让他们分享企业的成长和成功，这不仅增强了团队成员对企业的归属感，还激励他们为企业的发展付出更多努力。最后，团队合作奖励是促进团队合作的重要手段。设立团队合作奖励机制，鼓励团队成员之间相互协作，共同完成项目和任务，这有助于增强团队凝聚力和战斗力，推动团队整体绩效的提升。

综上所述，通过设立激励机制，民营企业可以有效地培养和激励行政管理团队，激发他们的工作热情和创造力，促进团队合作，为企业的发展和壮大提供坚实支持。同时，也有助于提高企业的竞争力和市场地位，实现企业的长期稳健发展。

（八）关注个人成长

民营企业行政管理团队的培养应该着重关注个人成长，从而不断提升团队整体素质和能力。为此，可以采取以下措施。首先，制订个人发展计划是非常重要的。团队领导应与每位团队成员进行沟通，了解他们的职业目标和发展需求，然后根据个人情况制订个性化的发展计划。这些计划可以包括培训课程、学习机会、岗位轮岗等，以帮助团队成员不断提升专业知识和技能。其次，提供导师和辅导也是非常有效的培养方式。为新进团队成员提供导师制度，由有经验的高级管理人员担任导师对新人进行指导和辅导。通过与导师的交流和学习，新人可以更快地适应新环境和工作内容，提高工作效率。此外，培养领导力也是非常重要的一环。行政管理团队应该鼓励团队成员发展领导力，培养他们的管理和决策能力。可以通过组织领导力培训、项目管理等活动，让团队成员在实践中不断成长和提高。另外，引进外部专家也是一种有效的培养方式。邀请行业内的专家或顾问来企业进行培训和讲座，让团队成员学习最新的行业动态和发展趋势，拓宽视野，增加专业知识储备。此外，为团队成员提供学习资源也是重要的一环。企业可以提供图书、期刊、在线学习平台等学习资源，让团队成员能够自主学习和积累知识，不断提高自身素质。最后，建立激励机制也是培养行政管理团队的重要手段。设立奖励机制，鼓励团队成员在工作中取得优异的表现和成绩。奖励可以是物质奖励，也可以是荣誉或晋升机会，激励他们持续努力。通过关注个人成长和培养，民营企业可以激励团队成员不断学习和进步，提升整个行政管理团队的素质和竞争力，为企业的发展和壮大提供有力支持。同时，这也有助于增强团队成员的归属感和忠诚度，减少人才流失，建立稳固的人才队伍。

通过以上培养措施，民营企业可以建立起一支高素质的行政管理团队，为企业的发展提供有力支撑。这样的团队不仅能有效地应对挑战，还能为企业带来更多的机遇和竞争优势。

二、民营企业行政管理团队的管理

民营企业行政管理团队的管理是确保团队高效运转和有效实施战略的关键要素。以下是一些管理团队的重要方法和原则。

(一) 明确职责和目标

民营企业行政管理团队的管理中，明确职责和目标是非常重要的一环。每个团队成员应该清楚地知道自己在团队中的角色和职责，以及整个团队的目标和使命，这样可以确保团队成员明确自己的任务和职责，避免任务重叠或者遗漏，提高工作效率和团队整体协作能力。明确职责和目标还有以下几个方面的重要意义。首先，它强化了团队的凝聚力。当团队成员都清楚自己的职责和目标时，团队的凝聚力将会增强。大家都朝着相同的方向努力，共同追求团队的目标，形成紧密的团队合作关系。其次，明确职责和目标可以提高工作效率，它避免了重复劳动和任务冲突，团队成员能够专注于自己的领域，高效完成工作，提高整体工作效率。此外，明确职责和目标还增强了团队成员的责任心。每个团队成员都知道自己应该完成的任务和目标，能够更好地承担起自己的责任，提高工作的主动性和责任心。另外，明确职责和目标也有助于加强团队成员之间的协作和配合。有助于形成有机的工作体系，实现资源的优化配置和互补。为了明确职责和目标，团队管理者可以采取以下措施。第一，在团队内部进行明确的分工，根据每个成员的专业背景和技能，合理划分任务和职责，确保团队成员在各自领域发挥最大价值。第二，为团队制定明确的目标和指标，每个成员都要对目标负责，通过目标的达成来评估工作的成果。此外，定期沟通和反馈也是非常重要的，团队管理者和成员之间要定期进行沟通和反馈，确保每个成员对自己的职责和目标有清晰的认识，及时解决问题和调整工作方向。最后，鼓励团队成员自主规划，给予他们一定的自主权，让他们能够根据自己的能力和兴趣进行职责规划和目标设定，增强工作的主动性和积极性。

通过明确职责和目标，民营企业行政管理团队可以更好地发挥团队的优势，提高整体绩效和竞争力。同时，团队成员在清晰的目标指引下也能更加积极主动地投入工作，为企业的发展作出更大贡献。

（二）建立有效沟通

建立有效沟通是民营企业行政管理团队管理的重要方面。有效沟通是团队协作和顺利运转的基石，可以提高团队的凝聚力、协作效率和决策质量。以下是建立有效沟通的几个关键点。第一，建立开放透明的沟通氛围。团队管理者应该鼓励团队成员敞开心扉，畅所欲言，分享意见和想法。建立开放透明的沟通氛围可以消除沟通障碍，让团队成员更加自信地表达自己的观点。第二，确保信息传递的准确和及时。信息传递的准确和及时对于团队合作至关重要。团队管理者要确保信息传递的准确性，避免误解和信息失真。同时，要及时传递重要信息，确保团队成员能够及时了解到相关信息。第三，倾听和尊重他人意见。有效沟通不仅包括表达自己的意见，还包括倾听和尊重他人的意见。团队管理者应该倾听团队成员的想法和建议，尊重他们的意见，不断优化沟通方式，使得团队成员都能充分参与到沟通中来。第四，采用多种沟通方式。不同的团队成员有不同的沟通偏好和习惯，团队管理者应该采用多种沟通方式，如面对面会议、电话、电子邮件、即时通信工具等，以满足不同成员的沟通需求。第五，定期组织团队会议。团队会议是团队成员交流、协调和决策的重要场所。团队管理者应该定期组织团队会议，让团队成员共同讨论问题、解决难题，并做好会议纪要，确保会议内容被准确传达和执行。最后，建立反馈机制。沟通是双向的，团队管理者应该建立反馈机制，让团队成员能够及时反馈意见和建议，为团队的持续改进提供参考。

通过建立有效沟通，民营企业行政管理团队可以更好地协调工作，提高工作效率和团队凝聚力，实现团队共赢和企业持续发展。

（三）激励和奖励

激励和奖励是民营企业行政管理团队管理的重要方面。有效的激励和奖励机制可以激发团队成员的积极性和创造性，推动团队朝着共同的目标努力，提高工作绩效和生产效率。第一，激励和奖励应该与团队目标和绩效挂钩。团队管理者应该明确团队的目标和期望，并与团队成员共同制定绩效指标和工作计划。激励和奖励机制应该根据团队的实际表现和达成的目标来进行评估和分配，让团队成员明确知道自己的努力和付出会得到公平的回报。第二，激励和奖励可以采用多种形式。除了薪资和福利的激励，团队管理者还可以通过其他形式的奖励来鼓励团队成员，如提供晋升机会、给予荣誉和表彰、提供培训和发展机会等。不同的团队成员可能对不同形式的激励有不同的偏好，团队管理者应该根据实际情况灵活运用不同的激励方式。第三，激励和奖励应该及时和公正。及时的激励和奖励可以让团队成员感受到自己的价值和贡献得到认可，增强对工作的满足感和幸福感。同时，激励和奖励应该公正和公平，避免出现偏袒和不公的情况，保持团队成员之间的公平竞争氛围。第四，激励和奖励要与员工个人发展和成长相结合。团队管理者可以根据员工的个人发展需求和职业目标，为其提供个性化的激励和奖励，帮助员工不断成长和进步。第五，团队管理者应该定期评估和调整激励和奖励机制。随着团队和企业的发展，激励和奖励机制可能需要不断优化和调整。团队管理者应该及时收集和反馈意见，不断改进激励和奖励机制，确保其有效性和可持续性。

通过有效的激励和奖励，民营企业行政管理团队可以激发团队成员的热情和潜力，提高团队的凝聚力和战斗力，推动企业持续创新和发展。

（四）提供培训和发展机会

民营企业行政管理团队的管理中，提供培训和发展机会是至关重要的一环，这项工作有助于培养团队成员的技能和知识，提升他们的综合素质，增强团队整体的竞争力和应对变化的能力。第一，提供培训和发展机会可以帮助团队成员不断学习和成长。随着行业的发展和企业的变革，新的知识和技能不断涌现，团队成员需要不断跟进和学习，以适应新的工作要求和挑战。通过培训，团队成员可以不断更新知识，提高专业水平，增强自己在团队中的竞争力。第二，培训和发展机会可以激发团队成员的积极性和创造性。通过参与培训，团队成员可以了解到更多的工作技巧和方法，拓宽视野，增强解决问题的能力。这些培训经历可以激发团队成员的学习热情，鼓励他们勇于创新，为企业的发展带来新的思路和方案。第三，提供培训和发展机会可以增强团队的凝聚力和归属感。当团队成员感受到企业愿意为他们提供培训和发展机会时，会更加认同企业的文化和价值观，愿意为企业付出更多的努力，这有助于增强团队的凝聚力，推动团队紧密合作，共同追求企业的发展目标。第四，培训和发展机会可以提高团队整体的绩效和效率。经过培训的团队成员通常具备更高的专业素养和技能水平，能够更好地胜任各自的工作。这样，团队的工作效率会得到提升，工作质量和绩效也会得到改善。第五，提供培训和发展机会也有助于吸引和留住优秀的人才。在竞争激烈的人才市场中，优秀的人才更加注重企业是否能够为他们提供良好的发展机会和职业成长空间。通过提供培训和发展机会，企业可以吸引更多优秀的人才加入团队，并留住已有的优秀员工。

总的来说，提供培训和发展机会是民营企业行政管理团队管理的一项重要举措，它不仅有助于团队成员个人的成长和发展，还对整个团队的竞争力和企业的长期发展具有重要意义。因此，团队管理者应该注重培训计划的制订和执行，为团队成员提供更多学习和成长的机会。

（五）管理冲突和问题

民营企业行政管理团队的管理中，管理冲突和问题是一项至关重要的职责。在团队中，由于不同成员的个性、观点和利益之间的差异，常常会出现各种冲突和问题，如果不及时有效地加以处理，这些冲突和问题可能会导致团队的分裂和不和谐，进而影响团队的工作效率和绩效。首先，管理冲突和问题需要团队管理者具备较强的沟通能力和解决问题的能力。他们需要与团队成员进行有效的沟通，了解他们各自的观点和诉求，寻求共识和解决方案。在处理冲突时，管理者应当保持客观公正，不偏不倚地处理每个问题，以确保公平性和公正性。其次，管理冲突和问题还需要管理者具备较高的谈判和调解技巧。在处理复杂的冲突和问题时，管理者要善于运用谈判技巧，协调各方的利益，寻求双赢的解决方案。同时，他们也需要具备较强的调解能力，帮助团队成员化解矛盾，恢复团队的和谐氛围。此外，管理冲突和问题还需要管理者具备较强的决策能力。在面对复杂的问题和矛盾时，管理者能够快速作出决策，采取果断措施，以避免问题的扩大和恶化。最后，管理冲突和问题还需要团队管理者具备较高的应变能力。在面对突发事件和紧急情况时，管理者需要迅速作出反应，并采取相应措施，保持团队的稳定和正常运转。

总的来说，管理冲突和问题是民营企业行政管理团队管理的一项重要职责。通过有效地管理冲突和问题，团队管理者可以维护团队的稳定和和谐，提高团队的工作效率，推动企业的持续发展。因此，团队管理者应该不断提升自己的沟通、谈判、调解、决策和应变能力，以便更好地管理团队。

（六）监督和评估

在民营企业中，行政管理团队的管理涉及对团队成员的监督和评估，这一过程对于确保团队的有效运转和实现目标非常重要。首先，管理者需要进行日常的监督，以确保团队成员按照规定的工作流程和制度开展工作。监督的目的是及时发现并解决工作中的问题和难题，防止问题扩大，影响整个团队的运作。

同时，监督还有助于激励团队成员，提高他们的工作积极性和责任心。其次，行政管理团队需要对团队成员的工作进行定期的评估。评估的目的是了解团队成员的工作表现和贡献以及是否达到预期的目标。通过评估，管理者可以发现团队成员的优势和不足之处，为进一步开展培训提供依据。在进行监督和评估时，管理者需要坚持公平、客观和透明的原则。他们应该制定明确的工作标准和评估指标，确保评估过程的公正性和一致性。同时，管理者还应该与团队成员进行有效的沟通，及时反馈评估结果，并为团队成员提供改进的建议。除了对团队成员进行监督和评估，行政管理团队还需要对整个团队的工作进行综合性的评估，这包括团队的绩效、工作效率、资源利用等方面。通过综合性的评估，管理者可以发现团队管理中存在的问题和不足，并及时采取措施加以改进。

总的来说，监督和评估是民营企业行政管理团队管理中的重要环节。通过有效的监督和评估，团队管理者可以及时发现问题，推动团队的持续改进，提高团队的工作效率，确保企业的稳定发展。因此，管理者应该认真对待监督和评估工作，建立科学合理的评估体系，不断完善团队管理，实现企业的长期发展。

（七）鼓励创新和改进

在民营企业行政管理团队的管理中，鼓励创新和改进是至关重要的。创新是企业持续发展的动力，而改进是优化和提高企业管理水平的关键步骤。第一，行政管理团队应该积极鼓励团队成员提出新的想法和建议，尊重他们的创意和创新精神。团队成员应该被鼓励不断尝试新的方法和策略，以寻求更加高效和创新的解决方案。管理者应该创造一个积极向上的工作氛围，让员工有信心去追求创新。第二，管理团队应该设立奖励机制，以激励团队成员进行创新和改进。奖励可以是物质的，也可以是非物质的，如荣誉证书、表彰会等。这些奖励不仅是对团队成员工作的认可，也是对创新和改进精神的鼓励，有助于激发员工更多的创新活力。第三，行政管理团队应该为团队成员提供学习和培训的机会，以提升他们的专业技能和知识水平。通过培训，团队成员可以了解最新的管理理念和方法，了解行业前沿的动态，从而更好地应用创新思维来解决实际问题。第四，管理团队应该充分利用团队成员的优势和特长，发挥他们的创造力和创新潜力。不同的团队成员拥有不同的专业背景和经验，他们可以在各自的领域贡献自己的创新思想和见解。管理者应该善于将这些优势整合起来，形成创新的团队合力。

总的来说，鼓励创新和改进是民营企业行政管理团队管理的核心要素。通过创新和改进，团队可以不断优化管理流程，提高工作效率，创造更大的价值。因此，管理者应该始终关注创新和改进，在团队中树立创新文化，激励团队成员积极探索新的管理模式和方法，推动企业不断发展壮大。

（八）领导示范

在民营企业行政管理团队的管理中，领导示范起着至关重要的作用。领导示范是指管理者通过自身的言行和实践来展示出优秀的领导品质和管理能力，激励和引导团队成员向着共同的目标努力。第一，领导示范是建立团队信任和凝聚力的基础。当领导者表现出专业素养、坚定的决心和高效的工作能力时，团队成员会感受到领导者的实力和能力，从而对领导产生信任和敬意。这种信任和敬意可以增强团队成员之间的合作意愿，形成团结稳定的管理团队。第二，领导示范是推动团队发展和进步的强大动力。优秀的领导者不仅在口头上向团队成员传递目标和价值观，更重要的是通过自己的实际行动来践行这些目标和价值观。当团队成员看到领导者以身作则，勇于承担责任，积极进取，他们会受到激励，跟随领导者的脚步，共同努力，推动团队不断进步和发展。第三，领导示范是塑造企业文化和价值观的有效手段。企业文化是企业的精神和灵魂，而领导者是企业文化的主要传承者和倡导者。优秀的领导者通过自己的言行和实践传递企业的核心价值观和文化理念，带领团队成员共同奋斗，形成具有凝聚力和向心力的团队文化。第四，领导示范是有效解决问题和作出正确决策的重要保障。优秀的领导者在面对复杂问题和困难抉择时，能够冷静果断、坚持原则、以身作则，为团队成员树立正确的决策导向，这有助于团队成员更好地理解问题的本质和寻找解决方法，提高整个团队解决问题的能力。

综上所述，领导示范是民营企业行政管理团队管理的重要方面。通过领导示范，管理者可以树立良好的榜样，塑造团队的信任和凝聚力，推动团队的发展和进步，塑造企业的文化和价值观，解决问题和作出决策，为团队的成功和发展提供有力保障。因此，领导者应该时刻注意自己的言行，不断提高自身的领导能力，做一个优秀的领导者。

（九）培养团队合作精神

在民营企业行政管理团队的管理中，培养团队合作精神是非常重要的。团队合作精神是指团队成员之间相互协作、共同努力，为实现共同目标而团结奋斗的态度和意识。第一，管理者可以通过设立共同的目标和愿景来激发团队的合作精神。当团队成员确定了共同的目标和愿景，就会产生一种共同的使命感和责任感，愿意齐心协力，一起努力实现这些目标。第二，建立团队内部的信任和理解也是培养团队合作精神的重要手段。管理者可以促进团队成员之间的交流和沟通，增进彼此之间的了解和信任。只有在相互信任的基础上，团队成员才会更加愿意分享知识和经验，互相支持和帮助。第三，管理者可以鼓励团队成员之间的互补和协同。团队成员往往具有各自的专长和技能，管理者可以合理分配任务，让每个人发挥自己的优势，形成互补和协同的效应。第四，及时给予团队成员正面的激励和反馈也是培养团队合作精神的重要方法。管理者可以对表现优秀的团队进行表扬和奖励，鼓励他们继续保持良好的工作态度和合作精神。第五，管理者还可以通过组织团队建设活动和培训课程来加强团队合作精神。团队建设活动可以增进团队成员之间的感情和凝聚力，培养成员相互协作的意识，而培训课程则可以提升团队成员的团队合作技能和意识。

总之，培养团队合作精神对于民营企业行政管理团队的成功至关重要。通过设立共同目标、建立信任和理解、鼓励互补协同、激励和反馈、组织团队建设活动和培训课程等手段，管理者可以有效地培养团队成员之间的合作意识和合作能力，提高整个团队的工作效率和绩效。

（十）有效分配资源

在民营企业行政管理团队的管理中，有效分配资源是至关重要的。资源是指团队所拥有的各种物质和非物质的资源，包括资金、人力、时间、设备、信息等。有效分配资源能够最大限度地提高资源的利用效率，使团队在有限的资源下取得最优的成果。首先，管理团队需要对企业的战略目标和发展计划进行全面的规划和分析，明确企业的发展方向和重点领域。然后根据企业的发展需求，确定各个部门和项目的资源需求，包括资金投入、人力配置、设备配备等。其次，管理团队要根据企业的优势和劣势，合理配置资源，将资源集中投入最具竞争力和潜力的项目和领域，以实现资源的最优化配置。同时，要避免资源的浪费和分散，确保资源的集中利用，提高资源利用效率。然后，管理团队需要建立有效的资源管理机制，对资源的使用情况进行监督和评估。通过制定绩效考核和评价体系，对各个部门和项目的资源使用情况进行评估，发现问题和不足，并及时进行调整和优化。此外，管理团队还要注重资源的持续更新和补充。随着企业的发展和市场的变化，原有的资源可能会出现短缺或不足的情况，因此需要及时进行资源的更新和补充，以保证企业的持续发展。最后，管理团队还需要灵活应对各种资源分配的挑战和困难。在资源有限的情况下，可能会出现各种资源冲突和矛盾，需要管理团队具备灵活的决策能力，作出科学合理的资源分配决策，以实现整体资源的最优利用。

总的来说，民营企业行政管理团队在有效分配资源方面的管理至关重要。通过规划和分析、合理配置、建立管理机制、持续更新和补充以及灵活应对挑战等措施，可以最大限度地提高资源利用效率，推动企业持续健康发展。

第六章
民营企业行政管理的信息化建设

第一节　信息化建设的概念和意义

一、信息化建设的概念

信息化建设是指在企业或组织内部，运用先进的信息技术手段和方法，通过建立、完善和优化信息系统，将信息资源进行整合、共享和高效利用，以提高管理水平、决策效率和服务质量的过程。信息化建设涉及信息技术、信息系统、信息资源的全面应用和整合，以实现企业信息化管理和运营。

信息化建设的目标是通过信息技术的运用，实现企业管理的数字化、智能化和网络化，提高企业的核心竞争力和创新能力，它可以帮助企业实现信息资源的高效整合和利用，提高管理的准确性和科学性，促进企业内外部信息的快速传递和共享，加强企业与客户、供应商、合作伙伴之间的沟通和合作，优化业务流程和决策流程，提高企业运营效率和服务质量。在信息化建设过程中，需要将信息技术与企业的战略目标相结合，根据企业的实际需求，制定合理的信息化规划和实施方案。同时，还需要加强信息安全管理，保护企业的核心信息资产，防范信息安全风险。信息化建设不仅是硬件设备的采购和安装，更重要的是软件系统的建设和数据资源的整合，需要建立完善的信息系统架构，实现各个业务系统之间的无缝连接和数据交换。

总的来说，信息化建设是企业实现现代化管理和高效运营的重要手段，它可以为企业提供强大的信息支持和决策分析能力，推动企业持续发展和创新。

二、信息化建设的意义

信息化建设的意义在于为企业或组织提供许多重要的优势和机遇，可以对企业的运营和管理产生深远的影响。信息化建设能够提高工作效率：信息化建设可以自动化和数字化企业的业务流程，减少人工操作，提高工作效率。通过信息化系统的支持，企业可以更快速、更精确地处理信息和数据，从而加快业务处理速度，提高生产效率。

（一）提升竞争力

信息化建设对企业的竞争力提升具有重要意义。随着信息技术的快速发展和应用，信息化建设成为企业提升竞争力的重要途径。信息化建设可以在多个方面提升企业的竞争力，具体表现在以下几个方面。首先，信息化建设可以为企业提供大量的市场数据和竞争对手信息，帮助企业了解市场趋势、客户需求以及竞争对手的动态。准确的市场洞察力可以帮助企业抓住市场机遇，及时调整战略，增强市场适应能力。其次，信息化建设可以自动化和数字化企业的业务流程，提高工作效率和生产效率。优化的业务流程可以帮助企业更快速地响应市场需求，提高资源利用效率，降低成本。此外，信息化建设可以为企业提供创新和研发的支持。通过信息化系统，企业可以更好地收集用户反馈和需求信息，加快产品研发速度，推出更符合市场需求的新产品和服务。信息化建设还可以提升企业的客户服务水平。通过信息化系统，企业可以实现客户信息的全面管理，建立更完善的客户档案，提供个性化的服务，增强客户满意度和忠诚度。此外，信息化建设可以帮助企业进行品牌宣传和推广。通过互联网和社交媒体等渠道，企业可以更广泛地传播品牌形象，提高品牌知名度和美誉度。信息化建设还可以优化企业的供应链管理。通过信息化系统，企业可以实现供应链信息的实时共享和协同，提高供应链的效率和灵活性，降低库存成本。最后，信息化建设可以激发企业的创新能力。通过数字化转型，企业可以探索新的商业模式和业务机会，推动企业在市场竞争中保持领先地位。

综上所述，信息化建设在提升企业竞争力方面具有重要意义，能够提高企业的市场洞察力、效率、创新能力和客户服务水平，从而使企业在激烈的市场竞争中占据优势地位。

（二）改进决策

信息化建设对企业的决策过程具有重要意义。随着信息技术的发展和应用，企业可以通过信息化建设收集、分析和处理大量的数据信息，从而改进决策过程，提高决策的准确性和效率。具体来说，信息化建设在改进决策方面有以下几个方面的意义。数据驱动决策：信息化建设使企业能够收集和整理大量的数据，包括市场数据、客户数据、供应链数据等。这些数据可以帮助企业发现市场趋势、客户需求以及业务瓶颈等问题，从而为决策提供更可靠的依据。实时决策支持：信息化建设可以建立实时数据监控和报告系统，使企业能够实时了解业务状况和运营情况。这样一来，管理团队可以及时作出决策，并快速调整战略，以应对市场变化和竞争挑战。智能决策辅助：信息化建设可以应用人工智能和机器学习技术，提供智能决策辅助工具。这些工具可以根据历史数据和模型预测，为管理层提供决策建议，帮助其作出更明智的决策。协同决策平台：信息化建设可以构建协同决策平台，实现不同部门和团队的信息共享和交流。这样一来，可以促进团队合作，共同参与决策过程，增加决策的多元性和创新性。决策效果评估：信息化建设可以建立决策效果评估机制，对决策的执行和结果进行监控和评估。通过数据分析和反馈，企业可以及时调整决策方向，优化决策策略，实现持续改进。

综上所述，信息化建设对于企业改进决策具有重要意义。通过数据驱动、实时支持、智能辅助和协同平台等方式，信息化建设可以提高决策的准确性、时效性和智能化水平，从而帮助企业在竞争激烈的市场中取得优势，并实现持续发展。

（三）加强沟通与协作

信息化建设在企业加强沟通与协作方面具有重要意义。随着企业规模的扩大和业务的复杂化，企业内部各部门之间、员工之间以及与外部合作伙伴之间的沟通和协作变得尤为重要。信息化建设通过引入先进的通信技术和协作工具，有效地促进了沟通和协作，通过实时沟通、跨地域协作、数据共享、协同决策和促进创新等方式，促进团队之间的协作，提高了工作效率和决策质量，这对于企业的发展和提升竞争力具有重要意义。

（四）提升服务质量

信息化建设在企业提升服务质量方面具有重要意义。随着市场竞争的日益激烈和客户需求的不断变化，提供优质的服务成为企业保持竞争优势的关键。信息化建设通过引入先进的技术和系统，可以实现客户信息的全面记录和分析，帮助企业更好地了解客户需求，并能够快速、准确地响应客户的要求。同时，信息化建设也可以提高服务流程的效率，减少出错和漏洞，从而提高服务的准确性和可靠性。这样不仅可以满足客户的需求，提升客户满意度，还可以增加客户的忠诚度，带来更多的重复购买和口碑传播，从而促进企业的可持续发展。因此，信息化建设对于提升企业的服务质量具有重要意义。

（五）降低成本

信息化建设在企业降低成本方面具有重要意义。传统的手工操作和纸质文档管理往往需要大量的人力和时间投入，同时也容易出现错误和漏洞，导致不必要的成本增加。而信息化建设可以引入先进的信息技术和系统，实现流程的自动化和数字化，从而减少人力和时间成本的投入，提高工作效率。例如，企业可以通过建立电子档案管理系统，实现文档的电子化存储和检索，节省大量的纸张和办公空间，同时也减少文档管理的人力成本。此外，信息化建设还可以通过优化资源配置，避免资源的浪费和重复利用，从而降低企业的运营成本。例如，通过数据分析和预测，企业可以更加精确地制订生产计划和进行库存管理，避免因过量生产或过多库存而造成的资源浪费。此外，信息化建设还可以促进企业与供应商和客户之间的信息共享和合作，提高供应链的效率和灵活性，降低采购成本和物流成本。通过信息化建设，企业可以更好地了解市场需求和供应情况，从而作出更加明智的采购决策。

综上所述，信息化建设对于降低企业的成本具有重要意义，可以提高企业的竞争力，实现可持续发展。

（六）增强信息安全

信息化建设在企业增强信息安全方面具有重要意义。随着信息技术的发展和普及，企业面临着越来越多的信息安全威胁，如网络攻击、数据泄露等。信息化建设可以采取一系列措施增强信息安全，保护企业的信息资产和客户的隐私。首先，信息化建设可以引入先进的防火墙和安全软件，监测和阻止潜在的网络攻击和恶意软件，防止黑客入侵企业系统，保护重要数据的安全。同时，可以建立访问权限控制机制，限制不同用户对信息资源的访问和操作，避免未授权人员获取敏感信息。其次，信息化建设可以建立数据备份和恢复机制，定期备份重要数据，以防止数据丢失或损坏。在遭遇网络攻击或数据泄露时，可以迅速恢复受损数据，降低损失。此外，信息化建设还可以加强员工的信息安全意识，培养员工识别和防范信息安全威胁，避免因自身的疏忽或错误导致的安全漏洞。最后，信息化建设可以定期进行安全风险评估和漏洞扫描，发现和解决潜在的安全隐患，及时更新安全措施和防护措施。

综上所述，信息化建设对于增强企业的信息安全具有重要意义，可以保护企业的信息资产，提高信息安全水平，确保企业稳健发展。

（七）促进可持续发展

信息化建设在促进企业可持续发展方面发挥着重要作用。随着全球经济的快速发展和竞争的日益激烈，企业需要不断适应和应对变化，才能保持竞争力并实现可持续发展。首先，信息化建设可以提高企业的生产效率和管理效率。通过引入先进的信息技术和管理系统，企业可以优化生产流程、提高资源利用率，并加强对各项业务的监控和管理。高效的生产和管理有助于降低成本，提高利润，并为企业的可持续发展奠定基础。其次，信息化建设可以改进企业的决策过程。通过信息化系统的支持，企业可以及时获取大量的市场和客户数据，进行深度分析和预测，从而为企业的战略决策提供更准确和全面的信息支持。科学的决策有助于企业把握市场机遇，应对风险挑战，实现战略目标，推动企业的可持续发展。另外，信息化建设可以拓展企业的市场和客户渠道。随着互联网的普及和数字化的发展，企业可以通过网络和移动平台与更广泛的客户群体进行互动和交流，拓展市场份额，增加销售收入，实现可持续的盈利增长。此外，信息化建设可以提升企业的创新能力。信息化技术的应用，可以促进企业的创新和研发，推动产品和服务的升级，满足不断变化的市场需求，保持市场竞争力。最后，信息化建设有助于企业树立良好的形象。通过网络和社交媒体的传播，企业可以更好地与公众和客户互动，传递企业的价值观，增强企业的品牌价值和影响力。

综上所述，信息化建设对于促进企业的可持续发展具有重要意义，它提高了企业的生产效率和管理效率，改进了企业的决策过程，拓展了市场和客户渠道，提升了企业的创新能力，并帮助企业树立良好的形象，从而推动企业持续发展。

第二节　民营企业行政管理信息化建设的现状和发展趋势

一、民营企业行政管理信息化建设的现状

截至 2021 年，民营企业行政管理信息化建设取得了一定的进展，但整体上仍然存在一些不足。首先，随着互联网和信息技术的飞速发展，许多民营企业意识到信息化建设的重要性，并开始积极投入资源进行建设。很多企业建立了自己的网站和移动应用，实现了业务信息的在线化和数字化，提高了信息传递和沟通的效率。其次，一些民营企业开始尝试引入先进的信息管理系统，如 ERP（企业资源计划）系统、CRM（客户关系管理）系统等，来优化企业的内部管理流程和决策过程。这些系统可以帮助企业实现资源的有效调配和管理，提高生产效率和管理效率。然而，民营企业在信息化建设方面仍然面临一些挑战和困难。首先，一些中小型民营企业可能缺乏足够的资金和技术支持，无法进行大规模的信息化建设。此外，一些企业对于信息化建设的重要性认识不足，缺乏战略规划和长远规划，导致信息化建设的进展缓慢。其次，信息安全问题也是民营企业在信息化建设过程中需要面对的挑战。随着信息技术的广泛应用，企业面临越来越多的网络安全威胁和数据泄露风险。民营企业需要加强信息安全意识和防范措施，确保企业信息的安全和可靠。需要注意的是，信息化建设过程中，企业内部的文化和组织结构可能会对信息化建设造成影响。一些企业可能存在信息孤岛和信息壁垒，信息化系统无法有效地与其他系统和部门进行整合和共享，影响了信息化建设的全面推进。

综上所述，民营企业行政管理信息化建设已经取得了一定的进展，但仍然面临一些挑战和不足。民营企业需要加强对信息化建设的重视，制定合理的战略规划，充分利用信息技术的优势，提高管理效率和竞争力，实现可持续发展。同时，加强信息安全意识和防范措施，优化组织结构和文化，推动信息化建设取得更大的成就。

二、民营企业行政管理信息化建设的发展趋势

民营企业行政管理信息化建设呈现以下几个方面的发展趋势：移动化和

云计算的普及，使得企业管理更加便捷灵活；大数据和人工智能技术的应用，为企业提供更多数据支持和智能决策能力；数字化营销和电子商务的兴起，让企业更注重网络平台和社交媒体的拓展；信息安全和隐私保护成为企业面临的重要挑战，需要加强防范措施；数据共享和合作的加强，促进了互利共赢；智能化办公设备和系统的应用，提高了办公效率；绿色信息化发展，促使企业注重环保和可持续发展。

综上所述，民营企业行政管理信息化建设将在多个方面取得进展，为企业提供更多的机遇，促进企业的持续发展和创新。

第三节　民营企业行政管理信息化建设的关键技术和实施策略

一、民营企业行政管理信息化建设的关键技术

民营企业行政管理信息化建设的关键技术包括以下内容。

（一）云计算技术

民营企业行政管理信息化建设的关键技术之一是云计算技术。云计算是一种基于互联网的计算模式，通过将数据和应用程序存储在云端的服务器上，实现对计算资源的共享和按需使用。这项技术为企业提供了许多优势和便利，包括弹性和灵活性、成本效益、高可靠性、高安全性、跨地域协作和自动化管理等。在民营企业行政管理中，云计算技术可以应用于数据存储、文件共享、人力资源管理、财务管理等方面。通过采用云计算技术，企业可以实现信息的集中管理和共享，提高工作效率和管理水平。此外，云计算还能帮助企业应对业务的快速变化和发展，因为它允许企业根据实际需要快速增加或减少计算资源。随着云计算技术的不断发展和普及，越来越多的民营企业采用这项技术来推进信息化建设，提升竞争力和适应市场变化的能力。对于行政管理团队来说，掌握和应用云计算技术是非常重要的，它不仅能提高工作效率，还能为企业提供更好的决策支持，促进内部沟通与协作以及加强对信息安全的保护。因此，民营企业应该积极推进信息化建设，不断探索和应用先进的技术手段，提升企业的管理水平和竞争力。

（二）大数据技术

民营企业行政管理信息化建设的第二项关键技术是大数据技术。大数据技术是指处理和分析规模庞大、复杂多样的数据集的一系列技术和工具。随着互联网的发展和数字化程度的提高，企业所面临的数据量不断增加，其中包含大量有价值的信息。而大数据技术可以帮助企业从这些海量数据中提取有用的信息，进而为决策提供更科学的依据。在民营企业行政管理中，大数据技术可以应用于市场营销、客户管理、供应链管理、业务预测等方面。通过对大数据的分析，企业可以更好地了解客户需求和市场趋势，精准地进行营销和推广活动，提高销售效率和客户满意度。此外，大数据技术还可以帮助企业优化供应链，减少成本和风险，提高运营效率。对于行政管理团队来说，掌握大数据技术意味着能够更深入地了解企业的运营状况和业务情况，及时发现问题并作出相应的调整和优化。同时，大数据技术还可以帮助行政管理团队作出更明智的决策，制定更科学的战略规划，从而推动企业提升竞争力和持续发展。

然而，要充分发挥大数据技术的作用，民营企业需要具备相应的数据采集、存储、处理和分析能力以及专业的数据科学家和分析师团队。因此，在信息化建设中，民营企业需要注重引进和培养相关技术人才，不断完善信息系统和数据基础设施，以逐步实现对大数据的应用。

（三）人工智能技术

民营企业行政管理信息化建设的第三项关键技术是人工智能技术。人工智能技术是一种模拟人类智能的技术，包括机器学习、自然语言处理、图像识别、智能决策等领域。随着人工智能技术的发展，它已经在许多领域取得了突破性的进展，并为企业提供了许多新的机遇。在民营企业行政管理中，人工智能技术可以应用于多个方面。例如，在客户服务和沟通方面，可以使用智能语音助手或聊天机器人来处理客户的问题和需求，提高客户满意度和服务效率。在人力资源管理方面，可以使用人工智能算法来进行员工绩效评估和薪酬激励，更公正地对待员工，提高团队士气和凝聚力。此外，人工智能技术还可以用于预测和优化企业的运营和生产，帮助企业作出决策，提高生产效率和资源利用率。对于行政管理团队来说，掌握人工智能技术意味着能够更好地利用数据和信息，更快速地作出决策，并更精准地进行资源调配。人工智能技术可以帮助行政管理团队完成繁重的任务，使工作人员有更充足的时间更专注于战略规划和业务创新。此外,人工智能技术还可以帮助行政管理团队进行数据分析和预测,帮助企业提前做好准备应对未来的挑战和机遇。然而,要实现人工智能技术的应用,民营企业需要投入大量的时间和资源,包括数据收集与清洗、模型训练与优化、算法应用与集成等。同时,由于人工智能技术的复杂性和不断更新迭代,企业需要持续不断地进行技术更新和人才培养,才能保持竞争优势并实现信息化建设的长期效益。因此,在信息化建设中,民营企业需要注重培养人工智能技术人才,与专业机构合作,不断拓展和应用新的人工智能技术,以逐步实现信息化建设的目标。

(四)物联网技术

民营企业行政管理信息化建设的第四项关键技术是物联网技术。物联网是指将各种物理设备、传感器和其他物体与互联网连接,实现设备之间的数据交换和通信的技术体系。通过物联网技术,企业可以实现设备的智能化和自动化,实时收集和分析大量数据,并根据数据进行智能决策和优化。在民营企业行政管理中,物联网技术可以应用于多个方面。例如,在设备管理方面,可以使用物联网传感器来监测设备的状态和运行情况,实现设备的远程监控和维护,降低设备故障率和维修成本。在办公环境管理方面,可以使用物联网传感器来监测室内温度、湿度、光照等参数,实现智能调控和节能管理。此外,物联网技术还可以应用于供应链管理、库存管理等方面,实现全链条的自动化和数字化。对于行政管理团队来说,掌握物联网技术意味着能够实时了解企业各个环节的运行情况,从而更及时地作出决策和调整。另外,物联网技术还可以帮助行政管理团队优化资源配置和运营流程,提高工作效率和管理水平。

然而,要实现物联网技术的应用,民营企业需要投入大量的时间和资源,包括传感器的部署和配置、数据的采集和存储、平台的建设和管理等。同时,由于物联网技术涉及设备和数据的安全性,企业需要加强网络安全和数据保护,防范潜在的信息泄露和攻击风险。因此,在信息化建设中,民营企业需要注重保障物联网技术的安全性和稳定性,与专业机构合作,共同推进物联网技术的发展和应用,以实现信息化建设的全面提升和优化。

(五)移动应用技术

在民营企业行政管理信息化建设中,移动应用技术是第五项关键的技术。移动应用技术指的是在移动设备上开发和运行的应用程序,包括手机应用和平板电脑应用。随着智能手机和平板电脑的普及，移动应用技术在企业管理中扮演着越来越重要的角色。对于民营企业行政管理团队来说，移动应用技术提供了更灵活和便捷的工作方式。通过移动应用，管理团队可以随时随地查看企业的各项数据和运营情况，进行实时决策和管理。无论是在办公室、外出工作，甚至在家中，管理团队都能通过移动应用与企业的信息系统连接，获取所需的数据和信息。移动应用技术还可以帮助管理团队与团队成员之间实现更好的沟通与协作。通过移动应用，团队成员可以随时发送和接收消息，共享文件和文档，进行日程安排和任务分配，这样可以加强团队之间的联系和合作，提高工作效率和协作效能。此外，移动应用技术还可以用于企业的客户服务和营销活动。通过开发客户端的移动应用，企业可以更好地与客户互动，提供个性化的服务和推广活动，增强客户黏性和忠诚度。然而，民营企业在进行移动应用技术建设时，也面临一些挑战。例如，不同的移动设备和操作系统可能存在兼容性问题，需要确保移动应用能够在各种设备上正常运行。另外，移动应用的安全性也是一个重要的考虑因素，特别是涉及企业敏感信息和数据的传输及存储。

为了解决这些问题，民营企业需要注重移动应用技术的研发和测试，确保应用的质量和安全性。同时，还需要加强员工的移动应用技术培训，提高他们的应用技能和使用能力，以充分发挥移动应用在企业管理中的作用。通过有效地应用移动应用技术，民营企业可以提升行政管理的效率和水平，实现信息化建设的持续发展和优化。

（六）数据安全技术

在民营企业行政管理信息化建设中，数据安全技术是第六项至关重要的关键技术。随着信息化建设的推进，企业在日常运营中会产生大量的数据，涉及企业的核心业务、客户信息、财务数据等重要敏感信息，这些数据的安全性至关重要。数据安全技术包括数据加密、访问控制、身份认证、数据备份与恢复、防火墙等多种技术手段，旨在确保企业的数据不受未授权访问、篡改或泄露。在信息化建设过程中，民营企业应该注重数据安全技术的整合和应用，根据企业的实际情况制定数据安全策略和措施，确保企业的数据安全和信息系统的稳定运行。只有在数据安全得到保障的前提下，企业才能更好地利用信息化手段提升竞争力，实现持续发展。数据安全技术的应用不仅可以保护企业的核心资产和信息，还可以增强客户和合作伙伴对企业的信任，同时，也有助于企业遵守相关法律法规和合规要求，降低可能面临的法律风险。因此，民营企业行政管理团队在信息化建设中应充分认识到数据安全技术的重要性，加强对数据安全的重视和管理，通过采取适当的技术手段和措施，确保企业数据的机密性、完整性和可用性，从而提升企业的竞争力、降低成本、改进决策、增强沟通与协作、提升服务质量，实现可持续发展的目标。同时，还应该不断关注新技术的发展和应用，积极适应信息化建设的发展趋势，以更好地推动企业的信息化建设，提升管理水平。

（七）区块链技术

在民营企业行政管理信息化建设中，区块链技术是第七项重要的关键技术。区块链是一种分布式账本技术，通过将交易数据以区块的形式链接在一起，并通过密码学技术保证数据的安全性和完整性，从而实现数据的可信共享和去中心化管理。区块链技术在信息化建设中具有许多优势和应用场景。首先，区块链技术可以确保数据的安全性和不可篡改性，每个交易都被加密存储在区块链网络中，任何人都无法修改或删除已经确认的交易记录，保证了数据的可信性。其次，区块链技术可以实现数据的共享和透明，多个参与方可以共同维护和验证数据，提高了数据的可靠性和透明度。然后，区块链技术可以降低数据交换和管理的成本，减少中间环节和中介机构的介入，简化数据处理流程。最后，区块链技术还可以支持智能合约的实现，自动化执行合约条款，提高交易的效率和可靠性。在民营企业行政管理中，区块链技术可以应用于供应链管理、资产管理、合同管理、数据安全等方面。例如，通过区块链技术实现供应链信息的跟踪和溯源，可以提高产品的质量和安全性；利用区块链技术管理企业的资产，可以实现资产的数字化管理和精准追踪；利用区块链技术管理企业内外部合同，可以自动执行合同条款，减少纠纷和争议。然而，区块链技术也面临着一些挑战，如性能和扩展性问题、法律法规的不确定性、技术标准的缺乏等。因此，在民营企业行政管理信息化建设中，需要深入研究区块链技术的应用场景和风险，合理规划和设计区块链系统，确保其能够有效地支持企业的业务需求，并保障数据的安全和隐私。此外，还需要积极推进区块链技术的标准化和合规化，促进其在行业内的广泛应用。通过充分发挥区块链技术的优势，民营企业可以提升数据管理和交换的效率，增强信息化建设的可信度和安全性，为企业的可持续发展提供有力支撑。

（八）企业资源计划（ERP）系统

企业资源计划（ERP）系统是民营企业行政管理信息化建设中的第八项关键技术。ERP系统是一种集成化的管理信息系统，通过将企业各个部门的业务数据整合到一个统一的数据库中，实现不同部门之间的信息共享和流程协同。该系统可以涵盖企业业务的各个方面，包括财务、人力资源、采购、销售、库存管理等，从而实现企业资源的优化配置和高效管理。在民营企业行政管理信息化建设中，ERP系统的应用具有重要意义。首先，ERP系统可以实现企业内部信息的集中管理和实时监控，提高数据的准确性和及时性，降低信息传递的延迟和错误率。其次，ERP系统可以优化企业的业务流程，简化各项业务操作，提高工作效率和生产效率。然后，ERP系统可以提供全面的数据分析和报告功能，帮助企业管理层作出准确的决策和战略规划。最后，ERP系统可以提供强大的数据安全措施，保护企业敏感数据的安全性和完整性。然而，ERP系统的实施也面临一些挑战，包括高成本、复杂的实施过程、与现有系统的集成问题等。因此，在民营企业行政管理信息化建设中，需要认真评估企业的实际需求和预期目标，选择适合企业的ERP系统，并制订详细的实施计划和培训方案，确保ERP系统的顺利推进和有效运行。此外，还需要加强对ERP系统的维护和更新，及时解决系统出现的问题和风险，确保系统的稳定性和安全性。

综上所述，ERP系统作为民营企业行政管理信息化建设的关键技术，可以提升企业内部管理的效率和质量，增强企业的竞争力和可持续发展能力。通过合理规划和实施ERP系统，民营企业可以更好地整合资源、优化流程、提高决策水平，为企业的发展和壮大提供有力的支持。

（九）客户关系管理（CRM）系统

客户关系管理（CRM）系统是民营企业行政管理信息化建设的第九项关键技术。CRM系统是一种通过整合客户相关信息、跟踪客户互动、优化客户服务等功能，帮助企业建立和维护与客户之间良好关系的系统。该系统可以帮助企业全面了解客户需求，提供个性化的服务，增强客户满意度和忠诚度，从而提升企业的市场竞争力。在民营企业行政管理信息化建设中，CRM系统的应用具有重要意义。首先，CRM系统可以帮助企业收集和整理客户信息，包括客户基本资料、购买历史、投诉反馈等，实现客户信息的全面管理和分析。

其次，CRM 系统可以自动跟踪和记录与客户的互动，包括电话、邮件、社交媒体等，帮助企业及时回应客户需求，增强客户沟通和关系维护。然后，CRM 系统可以根据客户数据进行分析，预测客户需求和购买意向，帮助企业开展精准营销和销售活动。最后，CRM 系统可以提供客户服务支持，包括在线客服、售后服务等，提高客户满意度和忠诚度。然而，CRM 系统的实施也面临一些挑战，包括客户信息的隐私保护、系统与现有业务系统的整合等。因此，在民营企业行政管理信息化建设中，需要认真评估企业的实际需求和预期目标，选择适合企业的 CRM 系统，并制订详细的实施计划和培训方案，确保 CRM 系统的顺利推进和有效运行。此外，还需要加强对 CRM 系统的维护和更新，不断优化和改进系统功能，提高系统的可用性和稳定性。

综上所述，CRM 系统作为民营企业行政管理信息化建设的关键技术，可以帮助企业建立和维护良好的客户关系，提升客户满意度和忠诚度，增强企业的市场竞争力和盈利能力。通过合理规划和实施 CRM 系统，民营企业可以更好地了解客户需求、优化客户服务，为企业的发展和壮大提供有力的支持。

（十）网络安全技术

网络安全技术是民营企业行政管理信息化建设的第十项关键技术。随着信息化程度的不断提升，企业面临越来越多的网络安全威胁，如网络攻击、数据泄露、恶意软件等，这些威胁可能会对企业的信息资产和经营活动造成严重影响。因此，加强网络安全建设成为民营企业行政管理信息化建设的重要任务。

网络安全技术包括一系列措施和技术手段，旨在保护企业的网络系统、数据和信息免受安全威胁的侵害。其中，一些关键的网络安全技术包括防火墙技术、加密技术、访问控制技术、威胁检测和防御技术、安全培训和意识教育、安全审计和监测技术以及网络备份和恢复技术等。

通过合理规划和实施网络安全技术，企业可以有效保护信息资产，降低网络风险，确保信息系统的稳定运行，提升企业的竞争力和可持续发展能力。在信息化建设过程中，民营企业应当高度重视网络安全技术，投入足够的资源和精力，不断提升网络安全保障能力，为企业的发展壮大提供坚实的保障。只有保障了信息安全，企业才能更好地应对市场竞争和风险挑战，实现长远发展。因此，信息化建设中的网络安全技术是不可忽视的重要组成部分，也是民营企业行政管理团队需要重点关注和持续优化的方向。

二、民营企业行政管理信息化建设的实施策略

民营企业行政管理信息化建设的实施策略是确保信息化项目成功实施和有效运行的关键要素。以下是一些实施策略。

(一) 制定明确的信息化发展战略

民营企业行政管理信息化建设的实施策略首先是制定明确的信息化发展战略。信息化发展战略是企业信息化建设的总体规划和指导思想，是推动信息化建设向前发展的重要基础。在制定信息化发展战略时，企业应该考虑以下几个方面：业务需求、技术趋势、资源投入、风险评估、组织变革和合作伙伴。首先，企业应该充分了解自身的业务需求，明确信息化建设的目标和方向。根据企业的业务特点，确定信息化建设的重点和优先级。其次，随着科技的不断发展，信息化技术也在不断更新换代。企业需要关注当前的信息化技术趋势，选择适合自身的技术方案。信息化建设需要大量的投入，包括人力、财力和时间等资源。企业应该合理规划资源投入，确保信息化建设的可持续发展。同时，信息化建设涉及许多风险，如技术风险、安全风险和管理风险等。企业需要对这些风险进行全面评估，制定相应的风险控制措施。信息化建设不仅是技术层面的改变，还涉及组织和管理方面的变革。企业应该积极推动组织变革，提升信息化建设的效率和效果。此外，信息化建设通常需要与供应商、合作伙伴进行合作。企业应该选择合适的合作伙伴，共同推进信息化建设的实施。制定明确的信息化发展战略可以为企业的信息化建设提供清晰的方向和目标，确保信息化项目的顺利推进和有效实施，从而提升企业的管理水平和竞争力，为企业的可持续发展奠定坚实的基础。

(二) 进行全面的需求分析

民营企业行政管理信息化建设的实施策略之一是进行全面的需求分析。需求分析是信息化建设的关键步骤，它帮助企业充分了解自身业务的需求和问题，并为后续的信息化规划和系统设计提供重要参考。在进行需求分析时，企业需要广泛地了解各个部门和岗位的需求，包括管理层、员工和客户的需求。通过与相关人员沟通和交流，深入了解业务流程、工作方式、问题和痛点，确定信息化建设的目标和范围。同时，需求分析也需要考虑企业的发展战略和未

来规划。信息化建设应该与企业的战略目标相一致，为企业的长期发展提供支持。因此，在需求分析阶段，企业需要综合考虑业务需求和战略规划，确保信息化建设的有效性和可持续性。此外，需求分析还需要考虑技术和资源方面的限制和约束。企业应该评估现有的技术能力和资源状况，确定信息化建设的可行性和优先级。如果企业的技术水平有限，可能需要进行技术升级或引进新的技术，以满足业务需求。最后，对需求分析的结果进行全面的整理和总结，形成详细的需求报告。这个报告将成为后续信息化建设的依据，为系统设计、供应商选择和项目实施提供指导。

通过进行全面的需求分析，企业可以准确地把握自身的信息化需求，避免盲目投入和资源浪费，确保信息化建设与企业实际需求相契合，从而提高信息化建设的成功率和价值，促进企业的持续发展。

（三）选择合适的信息化技术

在民营企业行政管理信息化建设的实施策略中，选择合适的信息化技术是至关重要的一环。合适的技术选择将直接影响信息化建设的效果和成果。以下是实施策略的相关内容。第一，企业在选择信息化技术时应该充分考虑自身的业务需求和特点。不同企业可能有不同的管理模式、业务流程和工作方式，因此需要根据自身的情况来选择适合的信息化技术，而不是盲目跟风或选择过于复杂的系统。第二，信息化技术的选择应该符合企业的发展战略和规划。技术是为业务服务的工具，而不是为了技术本身而选择。因此，企业应该明确信息化建设的目标和方向，根据战略规划来选择技术，确保技术的应用能够为企业的发展带来实际效益。第三，考虑技术的成本和效益。信息化建设需要投入大量的资源和资金，因此在选择技术时需要综合考虑成本与效益。有时候，较为简单和成本较低的技术可能更加适合企业的实际情况。第四，选择具有良好可扩展性和灵活性的技术。随着企业的发展，信息化需求可能会不断变化，因此选择具有可扩展性和灵活性的技术可以更好地适应企业的变化需求，减少二次投入和改造的成本。第五，选择可靠的供应商和合作伙伴。信息化建设通常需要与外部的供应商和合作伙伴合作，因此选择可靠的供应商对于项目的成功和顺利实施至关重要。企业应该对供应商进行认真的评估和选择，确保其具备丰富的经验和较强的技术能力。

综上所述，选择合适的信息化技术是民营企业行政管理信息化建设的重要策略之一。企业应该充分考虑自身的业务需求和特点，综合考虑成本与效益，选择符合发展战略和规划，具有可扩展性和灵活性的技术，并与可靠的供应商合作，以确保信息化建设的顺利实施和成功落地。

（四）建立完善的项目管理体系

在民营企业行政管理信息化建设的实施策略中，建立完善的项目管理体系是非常重要的一环。一个有效的项目管理体系能够确保信息化建设项目按照规定的目标、进度和质量顺利进行，同时能够最大限度地降低项目风险，提高项目成功率。以下是相关内容。第一，企业应该成立专门的信息化建设项目管理团队，明确项目的组织架构和责任分工。项目管理团队应该由具有项目管理经验和专业知识的人员组成，他们将负责项目的规划、执行和监控，确保项目的顺利推进。第二，企业应该制订详细的项目计划和执行方案。项目计划应该包括项目的目标、范围、进度、资源、风险等方面的规划，而执行方案则是具体实施的步骤和措施。通过制订详细的计划和方案，可以指导项目的具体实施，并在项目进展中进行有效的控制和调整。第三，项目管理团队应该建立有效的沟通机制。信息化建设项目通常涉及多个部门和人员的合作，因此建立良好的沟通机制是非常重要的。项目管理团队应该定期与相关部门进行沟通，及时了解项目进展情况，解决问题和障碍，并征求意见。第四，企业应进行项目进度和质量的监控与评估。项目管理团队应该定期对项目进度和质量进行监控和评估，及时发现和解决问题，确保项目能够按照计划顺利进行，同时保证项目交付的质量和效果。第五，企业应该建立项目经验总结和复盘机制。每个信息化建设项目都是一个宝贵的经验积累过程，企业应该及时总结项目经验，形成项目管理的最佳实践，为今后的项目提供借鉴和参考。

综上所述，建立完善的项目管理体系是民营企业行政管理信息化建设的重要策略之一。企业应该成立专门的项目管理团队，制订详细的项目计划和执行方案，建立有效的沟通机制，进行项目进度和质量的监控与评估，并建立项目经验总结和复盘机制，以确保信息化建设项目的顺利实施和成功落地。

（五）加强团队建设与培训

在民营企业行政管理信息化建设的实施策略中，加强团队建设与培训是非常重要的一环。信息化建设涉及新技术、新系统和新流程的应用，需要有一支熟悉信息化技术和具备相关知识的团队来支持和推动项目的顺利实施。以下是相关内容。第一，企业应该注重团队建设，建立一支专业的信息化建设团队。

这个团队可以由企业内部现有的技术人员和管理人员组成,也可以根据项目需要引进一些专业人才。这支团队应该具备信息技术、项目管理和行政管理等方面的知识和技能,能够有效地组织和推动信息化建设项目的实施。第二,企业应该对团队成员进行针对性的培训。信息化建设涉及许多新技术和新系统,团队成员需要不断地学习和更新知识,以适应项目的需要。企业可以组织专业的培训机构,或者邀请行业专家进行培训,提高团队成员的技能水平。第三,企业可以加强团队内部的合作与协作。信息化建设是一个复杂的项目,涉及多个部门和团队的合作。企业应该建立有效的沟通渠道,促进团队成员之间的交流和合作,确保信息化建设项目能够顺利推进。第四,企业可以考虑引入一些外部顾问或专家,为团队提供指导和支持。外部顾问通常具有丰富的项目经验和专业知识,可以帮助团队解决问题和难题,提供宝贵的建议和意见。第五,企业应该鼓励团队成员参加相关的行业交流和学习活动。这些活动可以让团队成员了解行业最新的信息化发展动态,拓宽视野,提高自身的专业水平。

综上所述,加强团队建设与培训是民营企业行政管理信息化建设的重要策略之一。企业应该建立一支专业的信息化建设团队,并对团队成员进行有针对性的培训,加强团队内部的合作与协作,考虑引入外部顾问或专家的支持,鼓励团队成员参加行业交流和学习活动,以确保信息化建设项目的顺利实施和成功落地。

(六) 强调信息安全保障

在民营企业行政管理信息化建设的实施策略中,强调信息安全保障是至关重要的一环。随着信息化建设的推进,企业的信息资产和数据面临着越来越多的安全威胁和风险,保障信息安全成为企业不可忽视的重要任务。以下是相关内容。第一,企业应该制定完善的信息安全政策和制度。这些政策和制度应该覆盖信息的收集、存储、传输和处理等各个环节,明确各部门和员工的信息安全责任和义务,确保信息安全管理的全面落实。第二,企业应该加强信息安全培训和意识教育。员工是信息安全的第一道防线,只有他们具备了足够的信息安全意识和知识,才能在日常工作中避免信息安全漏洞的产生。企业可以组织定期的培训活动,提高员工的信息安全意识。第三,企业应该采取有效的技术手段保障信息安全。这包括使用防火墙、加密技术、访问控制等安全措施,防范网络攻击和数据泄露等安全危机事件。第四,企业可以考虑引入第三方专业机构进行信息安全评估和审计。这样可以及时发现和解决安全隐患,提高信息安全保障的水平。第五，企业应该建立应急预案和灾备体系，为信息安全事件提供及时响应和恢复措施。及时有效的应对措施可以最大限度地减少信息安全事件对企业造成的损失。

综上所述，强调信息安全保障是民营企业行政管理信息化建设的重要策略之一。企业应该制定完善的信息安全政策和制度，加强信息安全培训和意识教育，采取有效的技术手段保障信息安全，引入第三方专业机构进行信息安全评估和审计，建立应急预案和灾备体系，全面提升信息安全保障的能力，确保信息化建设的顺利进行和企业信息资产的安全。

（七）与供应商紧密合作

在民营企业行政管理信息化建设的实施策略中，与供应商紧密合作是一个重要的方面。信息化建设通常需要引入各种信息技术产品和服务，而供应商作为技术提供方，可以为企业提供关键的支持和帮助。以下是相关内容。第一，民营企业应该选择可信赖的供应商合作。在选择供应商时，企业应该进行严格的评估和筛选，选择那些具有良好信誉和实力的供应商，这样可以确保信息化产品质量和服务的稳定性。第二，企业与供应商应该建立良好的合作关系。合作关系的良好与否直接影响信息化建设的推进效率和效果。企业应该与供应商建立互信、互利、长期合作的伙伴关系，共同推动信息化建设的成功实施。第三，企业应该积极参与供应商的产品研发和优化。作为信息化建设的需求方，企业了解自身需求和问题，可以积极向供应商反馈，并参与产品研发和优化，确保产品符合企业的实际需求。第四，企业与供应商应该建立健全的服务体系。信息化建设并非一次性的过程，而是一个持续发展和优化的过程。企业应该与供应商合作建立健全的服务体系，及时提供技术支持和解决方案，确保信息化系统的正常运行和持续改进。第五，企业应该对供应商的绩效进行评估。定期对供应商的绩效进行评估，及时发现问题并与供应商进行沟通和改进，可以帮助企业更好地掌控信息化建设的进度和质量。

综上所述，与供应商紧密合作是民营企业行政管理信息化建设的重要策略之一。企业应该选择可信赖的供应商合作，建立良好的合作关系，积极参与供应商的产品研发和优化，建立健全的服务体系，对供应商的绩效进行评估，共同推动信息化建设的成功实施。通过与供应商紧密合作，企业可以更好地借助外部资源和技术优势，实现信息化建设的快速推进和高效运作。

（八）强调项目管理和评估

民营企业行政管理信息化建设的实施策略中，强调项目管理和评估是至关重要的一部分。以下是相关内容。第一，民营企业在进行信息化建设时，应该采用科学的项目管理方法。项目管理是确保信息化建设按时、按质、按量完成的关键，它涉及项目的计划、组织、实施、监控和控制等方面。通过项目管理，可以合理规划项目的时间和资源，分配任务，协调各个环节，确保项目的顺利进行。第二，民营企业在信息化建设过程中应该进行定期的评估。评估是信息化建设的监督和反馈机制，通过评估可以了解项目的进展情况，发现问题和障碍，及时采取措施加以解决。评估还可以了解项目的效果和成效，帮助企业了解信息化建设的实际效果是否达到预期目标。第三，民营企业应该建立完善的项目管理和评估体系。项目管理和评估需要有相应的组织架构和流程，需要指定专门的项目经理和评估团队负责具体实施。建立完善的体系可以确保项目管理和评估的顺利进行，避免信息化建设过程中出现混乱和失误。第四，民营企业应该注重项目管理和评估的信息化工具支持。信息化工具可以帮助企业更好地进行项目计划、进度监控、问题跟踪等工作。同时，也可以利用数据分析等技术手段对项目进行评估和优化，提高信息化建设的效率和质量。最后，民营企业应该将项目管理和评估纳入信息化建设的整体规划和战略。信息化建设不是一次性的任务，而是一个持续发展的过程。通过强调项目管理和评估，企业可以不断优化信息化建设的过程，不断提高项目管理水平和信息化水平，实现信息化建设的可持续发展。

综上所述，强调项目管理和评估是民营企业行政管理信息化建设的重要实施策略。通过科学的项目管理和定期的评估，企业可以更好地掌控信息化建设的进度和质量，确保信息化项目按预期目标顺利实施。同时，能够不断优化信息化建设过程，提升企业的管理效率和竞争力。

（九）关注成本控制

在民营企业行政管理信息化建设的实施策略中，关注成本控制是至关重要的一环。信息化建设通常需要投入大量的资金和资源，因此成本控制对于企业的可持续发展和经济效益具有重要意义。第一，民营企业在信息化建设之初，应该进行全面的成本预估和规划。在制订信息化项目计划时，需要详细考虑项目所需的各类资源，包括硬件设备、软件系统、人力资源、培训等方面的成本，并进行合理的预算。通过全面预估成本，可以为后续的成本控制提供指导。第二，民营企业在信息化建设过程中，应该强调成本效益的平衡，即在确保信息化项目的质量和效果的前提下，尽量控制成本。企业可以通过选择合适的技术方案和供应商、优化资源配置、合理控制项目进度等方式来实现成本效益的平衡。第三，民营企业在信息化建设中应该注重合理采购和合同管理。在采购硬件设备和软件系统时，企业应该选择性价比高的产品，避免过度投入。同时，与供应商签订明确的合同，明确项目的交付标准、服务范围、价格等内容，确保成本的透明和可控。第四，民营企业可以通过引入先进的技术和管理方法，降低信息化建设的成本。比如，采用云计算技术可以节省硬件设备的投入；利用大数据分析可以提高人力资源的利用效率；使用开源软件可以减少软件系统的购买费用等。第五，民营企业应该将成本控制纳入信息化建设的整体规划和管理体系。在信息化建设的每个阶段，都应该对成本进行监控和评估，及时发现和解决成本超支的问题，确保信息化建设始终在可控范围内。

综上所述，关注成本控制是民营企业行政管理信息化建设的重要实施策略。通过全面预估成本、成本效益的平衡、合理采购和合同管理以及引入先进技术和管理方法，企业可以实现信息化建设成本的有效控制，提高投资回报率，为企业的可持续发展和提高竞争力提供有力支撑。

（十）推动信息化文化建设

在民营企业行政管理信息化建设的实施策略中，推动信息化文化建设是至关重要的一环。信息化文化是指在企业内部，通过培养员工的信息意识、信息素养和信息能力，使其适应信息化建设和应用的需求，并将信息化融入企业的管理和运营中，形成信息化的管理方式和工作风气。第一，民营企业应该重视信息化文化的培养。企业可以通过组织信息化培训和学习活动，提高员工的信息素养和技能。同时，可以设立信息化专家或团队，负责指导员工在信息化应用方面的工作。第二，民营企业应该加强信息共享和沟通。信息化建设的成功离不开各部门之间的协作和沟通，因此企业应该建立信息共享平台，促进信息的流通和传递，避免信息孤岛的出现。第三，民营企业应该树立信息化的管理理念。信息化建设不仅是一项技术工作，更是一种管理理念的转变。企业的管理层应该认识到信息化对于企业管理的重要性，将信息化融入企业的战略规划和决策中。第四，民营企业应该重视信息化文化在企业文化中的地位。企业文化是企业的核心竞争力之一，信息化文化应该成为企业文化中的重要组成部分。企业可以通过设立信息化文化奖励，鼓励员工在信息化建设中的突出贡献。第五，民营企业应该持续推动信息化文化建设。信息化建设是一个不断发展和完善的过程，企业应该不断加强对信息化文化的宣传和培训，确保信息化文化在企业内部得到持续传承和发展。

综上所述，推动信息化文化建设是民营企业行政管理信息化建设的重要实施策略。通过重视信息化文化的培养、加强信息共享和沟通、树立信息化的管理理念、将信息化文化融入企业文化中，并持续推动信息化文化建设，企业可以更好地适应信息化建设的需求，提升信息化建设的效率和成效，推动企业的可持续发展。

第七章
民营企业行政管理的风险管理

第一节　风险管理的概念和目标

一、风险管理的概念

风险管理是指通过识别、评估、处理和监控潜在的风险以及采取相应措施来降低风险带来的不确定性，保护组织或个人的利益和资产，确保达成既定目标的过程。在商业和组织管理中，风险管理是一种系统性的方法，用于识别和评估潜在的风险，并采取相应的措施降低或控制这些风险对企业或组织造成的影响。风险管理涉及识别可能发生的风险事件，包括内部和外部的各种不确定因素，如经济波动、自然灾害、技术问题、竞争压力、法律法规变化等。通过对这些风险进行评估和分析，风险管理团队可以确定潜在的影响和可能带来的损失，并制定相应的措施来应对这些风险。风险管理的目标是最大限度地降低潜在的风险对组织的影响，从而保护企业的利益和资产，确保组织的可持续发展。风险管理不仅关注负面的风险，还包括利用机会来提高组织的竞争力和业绩。因此，风险管理是一个全面的过程，需要综合考虑各种因素，并采取适当的措施来平衡风险和机会。在风险管理过程中，通常包括以下步骤。

风险识别：识别可能的风险事件和潜在的影响。风险评估：对识别的风险进行定性和定量的评估，确定其概率和影响程度。风险处理：根据风险评估结果，制定相应的应对措施，包括避免、转移、减轻或接受风险。风险监控：对已经实施的风险管理措施进行监测和评估，确保其有效性和适用性。风险管理是现代组织管理中不可或缺的一部分，特别是在竞争激烈和不确定性增加的商业环境中。通过有效的风险管理，组织可以更好地应对挑战，降低损失风险，提高企业的抗风险能力，并取得更好的业绩和竞争优势。

二、风险管理的目标

风险管理的目标是通过采取一系列措施来降低或控制潜在的风险，以保护组织或个人的利益和资产，确保达成既定目标。具体而言，风险管理的目标包括以下几点。降低损失风险：风险管理旨在识别潜在的风险事件，并采取相应的措施来降低损失风险。通过合理的风险评估和防范措施，可以减少潜在的经济损失，保护企业或个人的财产和资产。保障组织的可持续发展：风险管理有助于确保组织能够应对各种不确定因素和挑战，从而保障组织的可持续发展。通过及时应对潜在的风险和问题，组织能够保持稳定并持续成长。提高组织的竞争力：有效的风险管理可以帮助组织在竞争激烈的市场中更好地应对挑战，抓住机遇，并获得竞争优势。通过合理规避和转移风险，组织能够更好地专注于核心业务和创新，提高市场竞争力。确保合规性：风险管理有助于确保组织在法律法规和行业标准方面的合规性。遵守相关法律法规，减少违规行为所带来的法律风险，有利于组织的经营和发展。优化决策：风险管理通过全面了解和评估潜在的风险，为组织的决策提供依据和支持。通过合理的风险分析，组织能够作出更加明智和可持续的决策。增强投资价值：对风险进行管理和控制，有助于提高组织的信誉和形象，从而增强投资者的信心，吸引更多的投资，提高企业的投资价值。

综上所述，风险管理的目标是在不确定的环境中降低风险对组织造成的影响，确保组织能够稳健运营、可持续发展，并在竞争中保持优势地位。通过科学有效的风险管理，组织能够更好地应对挑战，抓住机遇，实现自身和利益相关方的共赢。

第二节　民营企业行政管理的风险分析和评估

一、民营企业行政管理的风险分析

民营企业行政管理面临着各种潜在的风险，这些风险可能会对企业的正常运营和发展产生影响。以下是一些常见的民营企业行政管理的风险分析。

（一）法律合规风险

民营企业行政管理面临的法律合规风险是指企业在运营过程中未能遵守相关法律法规和政策，导致可能面临的法律风险和责任。这些法律合规风险涉及多个方面，包括但不限于以下几个方面：劳动法规合规风险、税收合规风险、环境保护合规风险、知识产权合规风险、竞争法规合规风险以及数据安全合规风险。第一，劳动法规合规风险涉及员工工资和工时管理、劳动合同签订与解除、职工权益保障等方面。若企业未能合理处理与员工相关的事务，可能会面临劳动争议、集体诉讼等风险。第二，税收合规风险是指企业需按照税收法规缴纳相关税费，并履行纳税申报义务。若企业存在偷税漏税、虚假申报等问题，将面临税务部门的处罚和税收风险。第三，环境保护合规风险要求企业遵守环境保护法律法规，合理使用资源，防止对环境造成污染和破坏。如果企业存在环境违法行为，可能面临环境监管部门的处罚和声誉风险。第四，知识产权合规风险是指企业需要保护自身的知识产权，并尊重他人的知识产权。如果企业侵犯他人的知识产权，可能会面临知识产权诉讼和赔偿责任。第五，竞争法规合规风险要求企业遵守竞争法规，不得采取不正当竞争行为，如价格垄断、串通招投标等。违反竞争法规可能面临反垄断部门的处罚和声誉风险。最后，随着信息化的发展，数据安全合规风险日益凸显，企业需保护客户和企业的数据安全。如果企业未能妥善保管数据，可能面临数据泄露、黑客攻击等风险。

为降低法律合规风险，民营企业需要重视法律合规管理，建立健全内部控制制度，加强相关法律培训，与法律专业机构合作，确保企业在行政管理过程中合法合规运营，降低法律风险造成的损失和不良影响。

（二）经济环境风险

民营企业行政管理面临的经济环境风险主要指宏观经济环境和市场环境的不确定性，可能对企业的经营和发展产生负面影响。这些风险涵盖了多个方面，包括但不限于以下几个方面。第一，宏观经济环境风险是指国家经济运行的整体风险，如经济增速放缓、通货膨胀压力、货币政策调整等。这些因素可能会影响企业的销售额、成本支出以及融资成本，从而影响企业的盈利能力和现金流状况。第二，市场需求风险是指企业产品或服务的市场需求出现不稳定或下滑的风险。市场需求的不确定性可能导致企业销售下降，库存积压，进而影响企业的生产和经营计划。第三，市场竞争风险是指企业面临的来自同行业竞争者的压力。如果企业在市场竞争中没有足够的竞争优势，可能会面临市场份额下降、产品定价压力等问题。第四，汇率风险是指由于汇率波动带来的货币收入和支出的不稳定性。如果企业有海外业务或采购，汇率波动可能会影响企业的成本和利润。第五，法律政策风险是指政府法律法规和政策的变化对企业经营活动的影响。政策的不确定性可能导致企业的投资计划受阻或产生额外成本。第六，自然灾害和意外事件风险是指企业可能面临的自然灾害、事故、火灾等突发事件。这些事件可能导致企业资产损失、生产中断，甚至影响企业的声誉和信誉。为降低经济环境风险，民营企业需要积极关注宏观经济形势和市场动向，加强市场调研和市场营销策略，合理规避汇率风险，严格遵守法律法规，建立健全风险管理制度和应急预案，确保企业在面对不确定性时能够及时采取应对措施，保障企业的稳健经营和持续发展。

（三）人才流失风险

人才流失风险是指民营企业在管理过程中面临的员工离职或流失现象，可能导致组织内部知识、经验和技能的流失，影响企业的稳定运营和发展。人才流失风险主要包括以下几个方面。第一，高绩效员工的流失可能对企业产生较大的影响。高绩效员工通常具有丰富的工作经验和专业知识，在企业的经营和管理中扮演着重要角色。一旦这些员工离职，企业可能面临工作效率下降、工作质量下降等问题。第二，核心技术人才的离职可能导致企业的核心竞争力受损。对于科技型企业而言，拥有核心技术人才是保持竞争优势的重要因素。一旦核心技术人才流失，可能会导致企业的技术创新和产品研发能力受到影响。第三，人才流失可能带来用人成本的增加。企业需要花费时间和资源来招聘新员工，并对新员工进行培训，这些都会增加用人成本。第四，员工流失可能会影响企业的企业文化和团队稳定性。员工流失可能挫伤员工士气，降低企业的团队凝聚力和协作性。第五，员工流失还可能对企业的声誉产生负面影响。如果员工流失的原因与企业的管理或待遇政策有关，可能会导致企业的声誉受损，影响企业的品牌形象。为降低人才流失风险，民营企业可以采取以下措施：建立良好的企业文化和人才管理制度，为员工提供良好的发展机会和福利待遇，增加员工对企业的归属感和忠诚度。加强员工培训和职业发展规划，帮助员工提升专业技能和个人能力，增加员工的成就感和满足感。优化绩效考核和激励机制，对表现优秀的员工进行激励和奖励，增加员工的工作动力和积极性。加强与员工的沟通和交流，了解员工的需求，及时解决员工的问题。建立人才储备计划，为关键岗位和核心技术岗位培养和选拔合适的人才，确保企业人才储备充足。与员工保持良好的关系，为员工提供职业生涯规划和发展机会，扩展员工的发展空间。

通过有效的风险分析和风险管理措施，民营企业可以更好地应对人才流失风险，保障企业的稳定运营和持续发展。

（四）数据安全风险

数据安全风险是指民营企业在信息化建设和管理过程中，面临数据泄露、数据丢失、数据被篡改或数据被恶意攻击等问题所带来的风险。对于企业而言，数据是宝贵的资产，包括客户信息、财务数据、产品研发资料等重要信息，一旦数据遭到泄露或损坏，可能导致严重的经济损失、声誉损害以及法律责任。数据安全风险的主要来源包括以下几个方面。第一，外部攻击是常见的数据安全风险。黑客、病毒、勒索软件等恶意攻击者可能会针对企业的网络系统进行攻击，获取敏感信息或者对数据进行破坏，给企业造成重大损失。第二，内部人员也可能构成数据安全风险。员工可能因为个人原因或者被他人诱导，泄露企业的重要信息，造成数据被泄露或滥用。第三，不当的数据处理和存储方式也可能导致数据安全风险。如果企业没有建立完善的数据管理制度，或者数据备份和恢复机制不合理，可能导致数据丢失。第四，由于技术设备老化、维护不及时等原因，企业的数据存储和传输设备可能存在漏洞，被黑客利用进行攻击。第五，数据安全风险还可能与第三方合作伙伴有关。如果企业与供应商、客户等进行数据共享，但没有建立有效的数据安全协议，可能导致数据被泄露或滥用。为降低数据安全风险，民营企业可以采取以下措施：加强数据安全意识培训，提高员工对数据安全的重视和保护意识；建立完善的数据安全管理制度，包括数据访问权限控制、数据备份和恢复策略、数据加密等措施；加强网络安全建设，包括网络防火墙、入侵检测系统、反病毒软件等的应用，确保网络安全；定期对数据安全进行风险评估和漏洞扫描，及时发现和解决潜在的安全问题；与第三方合作伙伴建立明确的数据安全协议，确保数据共享的安全性。

总体而言，数据安全风险是民营企业面临的重要风险之一，会对企业的稳健经营和可持续发展产生重要影响。通过加强数据安全意识、建立完善的数据安全管理制度以及合理应用信息技术，民营企业可以有效降低数据安全风险，保障企业信息资产的安全和稳定。

（五）市场竞争风险

市场竞争风险是民营企业行政管理面临的一种常见风险。随着市场经济的发展，市场竞争日益激烈，各个行业都存在竞争对手，民营企业需要在激烈的市场竞争中生存和发展。市场竞争风险主要包括以下几个方面。第一，产品同质化竞争。在某些行业，产品或服务很容易同质化，缺乏差异化特色，这样容易导致价格竞争，降低产品利润。第二，新进入者竞争。随着市场经济的发展，新的企业可能不断涌入市场，加剧了市场竞争，对已有企业造成压力。第三，客户需求变化。市场需求随时可能发生变化，对企业提出了更高的要求，如果企业不能及时适应市场需求的变化，可能会失去竞争优势。第四，竞争对手的策略变化。竞争对手可能随时改变市场策略，通过降价、扩大市场份额等手段进行竞争，这对企业构成威胁。第五，宏观经济环境的变化。经济环境的波动对企业经营产生影响，包括原材料价格上涨、人工成本增加、政策变化等，都可能对企业的市场竞争产生不利影响。为降低市场竞争风险，民营企业可以采取以下措施。第一，加强市场调研和分析，了解市场需求和竞争对手的情况，及时调整企业的市场策略。第二，加强产品创新和差异化竞争，提高产品的附加值，增加产品竞争优势。第三，建立灵活的生产和供应链，提高企业的生产效率和响应能力，满足市场需求。第四，加强企业品牌建设，提升企业的知名度和美誉度，在市场竞争中形成品牌优势。第五，加强与客户的沟通与合作，了解客户需求，提供更好的产品和服务。

总体而言，市场竞争风险是民营企业行政管理面临的重要风险之一。通过加强市场调研，加强产品创新，提升企业品牌形象，建立灵活高效的生产和供应链，民营企业可以有效降低市场竞争风险，保持竞争优势，实现持续稳健的发展。

（六）供应链风险

供应链风险是民营企业行政管理面临的一个重要风险，它涉及企业与供应商之间的关系以及整个供应链的稳定性。供应链风险可能来自多个方面：企业的供应商可能面临资金问题、产能不足、管理不善等问题，导致供应链中断或延迟，对企业的生产和经营产生影响；原材料价格的波动会直接影响企业的成本和利润，特别是对于原材料依赖性较高的企业；交通拥堵、天气灾害、物流问题等都可能导致货物运输延误或损失，影响企业的生产和供货能力；不稳定的地区政治和经济环境可能导致企业所在地区的供应链中断或受到影响；环境污染和资源短缺等问题可能导致原材料供应问题，并对企业的形象和可持续发展带来挑战。为降低供应链风险，民营企业可以采取以下策略：建立多个供应商和合作伙伴，分散风险，减少对单一供应商的依赖；与供应商建立紧密的合作关系，加强沟通和协调，共同应对风险；制订供应链风险的应急预案，包括备用供应商、备用物流渠道等，以应对突发事件；定期监控供应链中的风险，评估供应链的稳定性和可靠性，及时发现和解决问题；关注环境和可持续发展问题，寻找替代性的资源和原材料，降低环境风险。

总体而言，供应链风险是民营企业行政管理面临的一个重要挑战。通过多样化供应商、建立紧密合作关系、制订应急计划、监控和评估供应链风险以及关注环保和可持续发展问题，民营企业可以有效降低供应链风险，保障企业的稳健发展。

（七）品牌声誉风险

品牌声誉风险是民营企业行政管理中的一种重要风险，它指的是企业在市场中树立的品牌形象和声誉受到损害的风险。品牌声誉对企业的发展至关重要，一个良好的品牌声誉可以带来更多的客户信任和忠诚度，增加市场份额，提高产品和服务的溢价能力。然而，品牌声誉也是脆弱的，受到市场变化、公众舆论、竞争对手攻击等多种因素的影响，一旦品牌声誉受损，将对企业造成严重的负面影响，导致销售量下滑、客户流失、市场地位下降等问题。

品牌声誉风险的主要来源包括以下几个方面：产品质量问题，如产品质量不合格、出现安全事故等，会严重影响消费者对企业品牌的信任和形象；虚假广告和宣传，误导消费者对产品和服务的期望，将导致公众对企业的负面看法；企业管理不善，如内部腐败、员工不当行为等，都会损害企业的声誉；社会责任问题，如不合规的经营行为、环境污染等，也会导致公众对企业的负面印象；竞争对手的攻击，如恶意诽谤、负面宣传等，可能对企业的品牌形象造成损害。

为降低品牌声誉风险，民营企业可以采取以下策略：建立和坚守企业的核心价值观和文化，树立诚信经营的形象；加强产品质量管理，确保产品符合质量标准；建立有效的危机公关机制，及时应对负面事件和舆论；加强与客户和消费者的沟通，回应客户关切和投诉；积极履行社会责任，关注环保和可持续发展问题；建立品牌保护机制，维护品牌权益，防止恶意攻击。

　　总体而言，品牌声誉风险是民营企业行政管理中需要高度重视的一个方面。通过建立企业价值观、加强产品质量管理、建立危机公关机制、积极履行社会责任和维护品牌权益，民营企业可以有效降低品牌声誉风险，增强品牌竞争力和市场地位，实现持续稳健发展。

二、民营企业行政管理的风险评估

　　民营企业行政管理的风险评估是指对企业内部和外部可能出现的风险进行系统性的识别、分析和评估，以便及时采取措施进行风险防范和应对。风险评估是企业管理的重要环节，可以帮助企业发现潜在的风险，制定相应的风险管理策略，保障企业的稳健运营。风险评估的步骤包括以下五方面。

（一）风险识别

　　民营企业行政管理的风险评估是保障企业健康发展的重要环节。在风险评估阶段，企业需要对已经识别出的风险进行分析和评估，以确定其对企业的影响程度和概率，并采取相应的控制措施和风险管理策略。风险评估的主要目标是量化和评估各项风险的严重性和可能性，从而确定哪些风险需要优先处理，哪些风险可以接受或转移。评估过程中需要考虑以下几个方面。第一，风险影响评估，即评估各项风险对企业的影响程度，这包括财务影响、经营影响、声誉影响等。通过评估风险的影响程度，企业可以确定哪些风险是最为关键和紧迫的，需要优先处理。第二，风险概率评估，即评估各项风险发生的可能性。这可以帮助企业确定哪些风险是最具有可能性的，需要优先考虑和应对，同时，也有助于预判未来可能发生的风险事件。第三，风险综合评估，综合考虑将风险的影响和概率，各项风险，确定其整体风险水平，这有助于企业全面了解风险的整体情况，为风险管理和应对措施的制定提供依据。第四，风险优先级排序，将各项风险按照其严重性和可能性进行排序，确定哪些风险需要优先处理和管理，这有助于企业在资源有限的情况下，优先处理最重要、最紧迫的风险，提高风险管理的效率和针对性，确保企业稳健运营和可持续发展。

　　通过风险评估，企业可以更好地了解自身面临的风险，为风险管理和应对措施的制定提供依据。同时，风险评估也有助于企业在不断变化的经济环境和市场竞争中保持敏锐的洞察力，及时调整战略和应对策略，确保企业能够应对各种挑战，保持竞争优势，实现稳健增长。

（二）风险分析

风险评估是民营企业行政管理中的重要环节，其中风险分析是其关键步骤之一。风险分析旨在对已经识别的风险进行深入的分析，以了解其具体成因、可能的后果和影响范围，从而为风险管理和决策提供更为准确的信息。在进行风险分析时，民营企业需要采取以下步骤。风险识别：企业需要全面识别可能面临的各类风险，包括但不限于财务风险、市场风险、经营风险、法律风险、技术风险等。这需要与各个部门紧密合作，收集信息和数据，开展风险识别工作。风险描述：对于每一项识别出的风险，企业需要进行详细描述，包括其成因、可能的触发条件、可能造成的后果和影响范围等。这有助于全面了解风险的本质和特征，为后续的分析和评估提供基础。风险分析：风险分析是对已经识别和描述的风险进行深入分析的过程。在风险分析中，企业需要评估每项风险的概率和影响程度，并考虑其可能带来的联动效应。同时，还需要分析风险的成因和根本原因，找出导致风险发生的关键因素。风险评估：风险评估是对风险进行综合评估和排序的过程。通过综合考虑风险的概率和影响程度，企业可以确定哪些风险是最具有可能性和严重性的，需要优先处理和管理。风险报告：在完成风险分析和评估后，企业需要向高层管理层和利益相关者提交风险报告，详细说明风险的情况、分析结果和应对建议。这有助于高层管理层了解企业面临的风险情况，并作出相应决策，采取应对措施。

通过风险分析，民营企业可以更加全面地了解自身面临的风险，及时发现潜在风险，为风险管理和决策提供科学依据。同时，风险分析还有助于企业建立健全的风险管理体系，加强对风险的预防和控制，确保企业的稳健运营和可持续发展。

（三）风险评估

风险评估是民营企业行政管理中的关键环节，它是对已经识别的风险进行综合评估和排序的过程。风险评估的目的是更好地了解企业面临的各项风险的概率、影响程度以及可能的损失，从而有针对性地制定风险管理策略和应对措施。在进行风险评估时，民营企业需要采取以下步骤。风险概率评估：对已识别的风险进行概率评估，即对每个风险发生的可能性进行评估，这可以通过历史数据、专家意见、市场调研等方式来进行。概率评估有助于确定哪些风险更可能发生，从而有针对性地做好预防和应对准备。风险影响评估：对已识别的风险进行影响评估，即对每个风险发生时可能对企业造成的影响进行评估。影响评估可以涵盖财务损失、声誉影响、客户满意度下降等方面。通过影响评估，企业可以确定哪些风险对企业的影响更大，从而优先考虑应对措施。风险综合评估：将风险的概率和影响程度进行综合评估，得出综合风险评分。综合评估可以帮助企业确定哪些风险是最具有可能性和严重性的，需要优先加以管理和应对。风险排序：根据综合风险评分，对各项风险进行排序，确定优先处理的风险。这样可以使企业更有针对性地制定风险管理策略，将有限的资源优先用于管理最重要的风险。风险报告：将风险评估结果向高层管理层和利益相关者进行报告，以便他们了解企业所面临的风险，并作出相应的决策。

通过风险评估，民营企业可以更准确地应对各种风险，采取有针对性的风险管理策略，将可能造成的损失降到最低。

（四）风险应对

风险应对是民营企业行政管理中的重要环节，它是在进行风险评估后制定和实施相应措施的过程。风险应对的目标是降低或消除风险对企业造成的影响，保障企业的稳健运营和可持续发展。在进行风险应对时，民营企业需要采取以下策略。第一，风险避免。对于高风险且不可控的风险，企业可以考虑避免或减少与其相关的活动或决策，以降低风险的发生概率。第二，风险转移。将风险转移给第三方，通常通过购买保险等方式来实现。这样可以减少企业自身承担的风险，并将一部分损失转移到保险公司或其他机构。第三，风险减轻。通过采取预防措施和风险管理措施，降低风险的发生概率和影响程度。例如，加强安全管理、规范内部流程、加强培训等措施可以减轻人为失误和内部管理不善所造成的风险。接下来，企业需要制订应急预案，针对突发风险事件制定应对措施，以快速、有效地应对风险，减少损失。第四，建立风险监测机制，及时获取风险信息，对风险进行监控和评估。同时，根据风险评估的结果，及时调整和改进风险应对措施。第五，加强员工对风险管理的认识和培训，提高风险意识和应对能力，使员工在日常工作中能够识别和应对各种风险。最后，风险应对是一个持续的过程，企业需要不断改进和完善风险管理体系，以适应不断变化的外部环境和内部情况。通过科学有效的风险应对，民营企业可以更好地应对各类风险，提高企业的抗风险能力，增强企业的竞争力和可持续发展能力。同时，风险应对也是企业行政管理的重要组成部分，对于实现企业的战略目标和长远发展具有重要意义。

（五）风险监测

风险监测是民营企业行政管理中风险评估的重要环节，它是对企业内外部环境变化进行持续跟踪和监测以及对潜在风险进行及时预警和识别的过程。风险监测的目标是及时掌握可能对企业产生影响的风险因素，为企业的风险应对和决策提供可靠的数据支持。在进行风险监测时，民营企业需要采取以下措施。第一，建立风险监测体系，明确风险监测的范围、内容和方法。风险监测体系应该综合考虑企业的经营环境、内部管理、市场竞争、政策法规等多个方面的因素，全面了解潜在的风险因素。第二，收集和整理相关数据，建立风险信息库，包括市场调研数据、行业分析报告、经济指标等。通过对这些数据的分析和比对，及时发现可能存在的风险。第三，开展风险预警和预测，根据历史数据和趋势分析，对未来可能发生的风险进行预测，及时采取措施进行干预和应对。第四，加强对外部环境的监测，密切关注政策法规的变化、市场竞争的动态、供应链的稳定性等因素，及时发现潜在的风险因素。第五，加强对内部管理的监测，关注企业内部流程的合规性、员工行为的规范性等，防范内部风险的发生。第六，借助现代信息化技术，如大数据、人工智能等，对海量数据进行分析和挖掘，发现其中潜在的风险信息。最后，建立风险监测报告制度，定期向企业高层汇报风险监测和分析结果，以便及时调整风险应对策略和决策。

通过科学有效的风险监测，民营企业可以更好地了解和应对可能面临的风险，降低风险对企业的影响，增强企业的抗风险能力，提高企业的竞争力和可持续发展能力。同时，风险监测也是企业行政管理的重要组成部分，对于实现企业的战略目标和长远发展具有重要意义。

第三节　民营企业行政管理的风险防范和应对策略

一、民营企业行政管理的风险防范

民营企业行政管理的风险防范是确保企业稳健运营和持续发展的关键措施。为了有效应对各类风险，民营企业可以采取以下风险防范措施。

（一）建立风险管理体系

民营企业行政管理中存在各种风险，因此建立风险管理体系是至关重要的。首先，该体系需要明确定义各类风险，包括但不限于市场风险、经济风险、法律风险、技术风险等。对于每一类风险，应该明确可能产生的影响和后果以及应对措施。在风险管理体系中，需要设立专门的机构或团队负责风险管理工作。这些人员应该具备相关的专业知识和经验，能够及时、全面地进行风险识别和分析。其次，建立风险管理信息系统，用于收集、整理、存储和分析与风险相关的数据和信息。通过科学的数据分析，可以更好地把握风险的发展趋势，及早发现和应对潜在风险。除了对风险进行评估和分析，风险管理体系还应该明确相应的风险防范和应对措施。这些措施应该具体、可行，能够快速有效地防范和应对风险。同时，对于可能造成重大损失的风险，还需要制订应急预案，以防患于未然。

另外，风险管理体系需要与企业的战略规划和决策过程相结合，确保风险管理工作与企业的整体发展目标保持一致。在决策过程中，应该考虑到各类风险对决策的影响，并在必要时进行调整和变更。风险管理体系是一个在不断优化和完善的体系。随着企业内外部环境的不断变化，新的风险可能不断产生，旧的风险可能发生变化。因此，民营企业应该建立健全风险管理的长效机制，定期进行风险评估和检查，及时调整和改进风险管理体系，以确保企业能够在激烈的市场竞争中稳健发展。

（二）风险识别和评估

民营企业行政管理的风险防范中，风险识别和评估是至关重要的基础。风险识别是指通过对企业内外部环境的全面分析，找出可能对企业运营和发展造成负面影响的各类风险因素。在风险识别过程中，企业需要认真梳理自身的业务流程和运营模式，了解各个环节可能面临的风险。同时，还需要密切关注外部环境的变化，包括政策法规的调整、市场竞争格局的变化、经济形势的波动等。通过与行业协会、专业顾问和咨询公司合作，获取更全面、深入的市场信息和趋势分析，有助于更准确地识别潜在风险。风险评估是在风险识别的基础上，对各类风险进行深入分析和量化评估。通过对风险的可能性、影响程度以及发生的频率进行评估，确定各类风险的优先级和重要程度，这有助于企业在有限的资源下，更加有效地制定风险防范和应对策略。在风险评估过程中，企业可以采用各种工具和方法，如风险矩阵、概率统计、场景分析等。同时，也需要听取专业人员的意见和建议，对不同风险进行综合判断。风险评估是一个动态的过程，随着企业内外部环境的变化，风险的性质和程度也可能发生变化，因此需要不断进行更新和调整。

综上所述，风险识别和评估是民营企业风险防范中的重要环节，只有准确识别和全面评估各类风险，企业才能有针对性地采取风险防范措施，增强应对风险的能力，确保企业的稳健运营和持续发展。

（三）加强内部控制

民营企业行政管理的风险防范中，加强内部控制是非常重要的措施。内部控制是指企业在运营过程中，通过建立一系列制度、规范和措施，以保障企业财务报告的可靠性和合法性，防止财产损失，促进企业健康持续发展的管理体系。首先，民营企业应该建立健全内部控制体系，包括制定内部控制制度，明确各级管理人员的职责和权限，规范企业内部的业务流程和运作规范。内部控制体系应该覆盖企业的各个方面，包括财务管理、采购管理、人力资源管理、风险管理等。其次，加强内部控制还需要建立健全内部审计制度。通过内部审计，可以对企业的各项管理制度和业务活动进行监督和检查，发现潜在的问题和风险，并及时采取纠正措施。内部审计应该独立于企业的业务管理部门，确保其工作的客观性和公正性。再次，企业还应该加强对员工的培训和教育，提高员工的风险意识和内部控制意识。员工是企业的重要资源，只有他们理解和遵守内部控制制度，才能有效地减少人为失误和内部操作错误所带来的风险。然后，加强内部控制还需要运用信息技术手段，建立起高效的信息管理系统和数据监控系统。信息管理系统能够帮助企业实时监控和掌握各项业务活动的情况，及时发现异常情况并进行预警和处理。最后，企业高层管理人员应该树立风险意识，把风险防范作为企业发展的重要战略，积极参与和推动内部控制的建设，而且应该充分意识到风险防范工作的重要性，将其纳入企业的整体战略规划和日常管理。

综上所述，加强内部控制是民营企业行政管理的风险防范中的重要一环。通过建立健全内部控制体系、加强内部审计、培训员工、运用信息技术手段以及高层管理人员的重视和参与，企业可以有效地预防和应对各类风险，保障稳健运营和可持续发展。

（四）精细化管理

民营企业行政管理的风险防范中，精细化管理是一项重要的策略。精细化管理指的是对企业各个方面进行细致入微的管理，通过精确的数据和信息分析，实现全面、精准的管理和监控，从而提高管理效率、减少风险。首先，精细化管理需要企业建立科学的管理指标和绩效考核体系。通过设定明确的目标和指标，企业可以对各项业务活动进行量化评估，及时发现问题和潜在风险。同时，绩效考核体系也能够激励员工积极主动地参与风险防范工作，提高企业整体管理水平。其次，精细化管理需要运用信息技术手段，建立高效的数据管理和信息分析系统。现代企业面临大量的数据和信息，通过信息技术的支持，企业可以对数据进行整合、分析和应用，快速掌握企业各项业务活动的情况，及时发现和应对潜在的风险。再次，精细化管理还需要实施精细化的流程管理。通过对企业的各项流程进行优化和改进，消除管理中的瑕疵和漏洞，减少人为失误和风险产生的可能性。同时，流程管理还可以提高管理的规范性和标准化，确保企业运营的高效和稳定。然后，精细化管理还需要加强对各项资源的合理配置和利用，包括人力资源、财务资源、技术资源等。通过优化资源配置，企业可以最大限度地发挥资源的效能，减少资源浪费。最后，精细化管理需要高层管理人员的重视和支持。企业高层管理人员应该充分意识到精细化管理的重要性，将其纳入企业发展战略和日常管理，且积极推动精细化管理的落实，为风险防范提供有力支持。

综上所述，精细化管理是民营企业行政管理的风险防范中的关键策略之一。通过建立科学的管理指标和绩效考核体系，运用信息技术手段，实施精细化的流程管理，优化资源配置以及高层管理人员的支持，企业可以有效地提高管理水平，减少风险，保障自身稳健运营和可持续发展。

（五）加强人才队伍建设

民营企业行政管理的风险防范中，加强人才队伍建设是至关重要的措施。优秀的人才是企业成功的关键因素，他们是企业的智力资本和创新动力，对于预防和应对各类风险具有不可替代的作用。第一，企业应该设立完善的人才招聘和选拔机制。在招聘过程中，企业要注重招聘对象的专业能力和职业素质，确保新进人员能够胜任自己的工作。同时，对于重要岗位，可以采取更严格的选拔流程，确保招聘的人才能够胜任高风险职责。第二，企业应该重视人才培养和发展。通过培训、学习和交流等方式，不断提升员工的专业技能和管理水平。培养人才的过程中，企业应该重视员工的综合素质，包括沟通能力、团队合作能力和创新能力等，这些素质对于风险防范和应对至关重要。第三，企业要注重人才的激励和留住。通过合理的薪酬制度、晋升机制和福利待遇，吸引和激励优秀人才留在企业。同时，要给予员工充分的发展空间和成长机会，让他们感受到在企业中的价值和意义，从而提高员工的忠诚度和稳定性。加强人才队伍建设还需要注重企业文化的塑造。建设积极向上、开放包容的企业文化，可以吸引更多优秀人才的加入，形成强大的人才集聚效应。第四，企业高层管理人员应该树立人才至上的理念，把人才队伍建设放在企业发展的战略位置。他们应该亲自参与和推动人才队伍建设，为人才提供更好的成长环境和发展机会，为企业未来的稳健发展奠定坚实的基础。

综上所述，加强人才队伍建设是民营企业行政管理的风险防范中的重要方面。通过完善招聘和选拔机制，重视人才培养和发展，激励和留住优秀人才，塑造良好的企业文化，企业可以构建强大的人才团队，为预防和应对各类风险提供有力支持和保障。

（六）信息化建设

民营企业行政管理的风险防范中，信息化建设是一个重要的手段和策略。信息化建设指的是运用信息技术手段，建立先进的信息管理系统和平台，将数据和信息进行数字化和网络化处理，以提高企业的信息化管理水平和决策效率，从而增强风险防范的能力。首先，信息化建设可以提高企业的数据收集和分析能力。通过建立信息系统，企业可以实时、准确地收集各类数据和信息，对企业的运营状况进行全面监控和分析。这有助于及早发现潜在的风险因素，预警和应对可能出现的问题。其次，信息化建设可以加强企业的风险管理和控制能力。通过建立风险管理信息系统，企业可以对各类风险进行分类、评估和监控，制定相应的风险防范措施，并及时调整和改进。这有助于企业及时应对各类风险，降低损失和影响。再次，信息化建设可以提高企业的反应速度和决策效率。在信息化管理系统的支持下，企业可以更快速地获取有关市场、竞争对手、消费者等方面的信息，从而更迅速地作出决策和采取应对措施。这对于在市场竞争中保持敏捷性和灵活性非常重要。然后，信息化建设还可以增强企业内部的沟通和协作能力。通过建立网络化的协作平台，企业内部各部门和员工之间可以更方便地进行信息共享和沟通，提高团队合作效率，从而更好地应对风险挑战。最后，信息化建设还有助于提升企业的服务水平和客户满意度。通过建立客户关系管理系统和在线服务平台，企业可以更好地了解客户需求，提供更个性化的服务，增强客户黏性，从而在市场竞争中保持竞争优势。

综上所述，信息化建设是民营企业行政管理的风险防范中的重要方面。通过建立先进的信息管理系统和平台，提高数据收集和分析能力，加强风险管理和控制能力，提高反应速度和决策效率，提升沟通和协作能力，提高服务水平和客户满意度，企业可以更好地应对各类风险，实现稳健发展。

（七）建立风险应对预案

在民营企业行政管理的风险防范中，建立风险应对预案是非常重要的措施。风险应对预案是指在预先识别和评估各类风险后，制订具体、详尽的应对方案，以应对可能出现的风险事件。这样的预案可以提前规划和准备，使企业在面临风险时能够迅速、有序地应对，降低损失和影响。首先，建立风险应对预案需要对风险进行分类和评估。企业应该对可能出现的各种风险进行全面的分析，包括市场风险、经济风险、技术风险、法律风险等。通过评估风险的可能性和影响程度，确定风险的优先级和重要性，以便把握应对措施制订的重点和方向。其次，建立风险应对预案需要明确应对的具体措施。针对每一类风险，企业应该制定相应的预防和控制措施。这些措施可以包括但不限于调整经营策略、加强内部控制、改进技术和工艺、加强合规管理等。应对预案需要具体、实用，方便实施和操作。再次，风险应对预案需要建立责任体系和工作流程，明确各个岗位和责任人员在应对风险时的职责和任务，确保应对措施的顺利执行。预案的工作流程应该简明清晰，能够迅速启动和执行。然后，风险应对预案还需要定期演练和更新。定期组织风险应对预案的演练和模拟，检验预案的可行性和有效性。随着企业内外部环境的变化，风险情况可能发生变化，因此预案也需要根据实际情况进行更新和改进，确保其时效性。最后，风险应对预案的制订和执行需要得到高层管理人员的支持和重视。高层管理人员应该认识到预案的重要性，并亲自参与和推动预案的制订和落实。只有获得高层管理人员的关注和支持，预案才能在实际应对中发挥有效作用。

综上所述，建立风险应对预案是民营企业行政管理的风险防范中的重要方面。通过分类、评估风险，明确应对措施，建立责任体系和工作流程，定期演练和更新预案以及得到高层管理人员的支持，企业可以更加从容和有序地应对各类风险。

（八）加强与利益相关者的沟通

在民营企业行政管理的风险防范中，加强与利益相关者的沟通是一项至关重要的举措。利益相关者是指那些与企业有着利益关系的各方，包括股东、客户、供应商、员工、政府机构、社会公众等。与这些利益相关者保持积极、及时、透明的沟通，有助于增进相互的理解和信任，共同预防和应对各类风险。第一，与股东的沟通是非常重要的。民营企业的股东是企业的所有者，他们对企业的经营状况和发展方向有着直接的影响。通过定期举行股东大会和发布财务报告，及时向股东通报企业的运营情况和财务状况，帮助股东了解企业的经营风险和发展战略。第二，与客户的沟通是维护企业声誉和信誉的重要途径。通过建立与客户良好沟通的渠道，了解客户的需求，及时解决问题和回应疑虑，可以增强客户对企业的信心和忠诚度，降低因客户不满而带来的风险。第三，与供应商的沟通也是必不可少的。供应商是企业供应链的重要组成部分，与供应商保持良好的合作关系，确保供应链的稳定性和可靠性，是预防生产和供货风险的重要措施。第四，加强与员工的沟通是提高企业内部凝聚力和稳定性的关键。员工是企业的核心资产，通过与员工进行沟通交流，关心员工的工作和生活，解决员工的问题和困扰，可以增强员工的归属感和工作积极性，降低人才流失风险。第五，与政府机构和社会公众的沟通也是重要的。通过与政府机构合作，遵守法律法规，参与社会公益活动，企业可以增强社会责任感，获得政府和公众的支持，降低政策风险和社会声誉风险。

综上所述，加强与利益相关者的沟通是民营企业行政管理的风险防范中的重要方面。通过积极、及时、透明的沟通，增进相互的理解和信任，企业可以与各方形成良好的合作关系，共同预防和应对各类风险，保障企业的稳健运营和可持续发展。

（九）风险保险

在民营企业行政管理的风险防范中，风险保险是一项重要的措施。风险保险是指企业购买保险产品，将潜在的经济损失转嫁给保险公司，从而减轻企业面临的风险和财务压力。首先，风险保险可以降低企业面临的财务风险。在企业经营过程中，可能会面临各种风险，如自然灾害、意外事故、经济衰退等，这些风险可能导致企业遭受重大经济损失。通过购买适当的保险产品，企业可以在风险发生时获得经济赔偿，减少损失，保障企业的正常运营。其次，风险保险有助于提高企业的信誉和竞争力。在与客户、合作伙伴、投资者等合作时，拥有有效的风险保险可以展现出企业的稳健经营和责任意识，增加吸引力和信任度。在招投标过程中，有风险保险的支持也可以提升企业的竞争力。然后，风险保险有助于规避潜在的法律风险。在某些行业和业务领域，可能存在诉讼风险和法律责任。通过购买相应的责任保险，企业可以在面临法律诉讼时获得法律支持和赔偿保障，降低法律风险带来的不确定性。

风险保险的选择和购买需要企业根据自身情况和风险特点认真评估和选择。不同的企业可能面临不同的风险，因此需要购买适合自己的保险产品，确保保险保障的准确性和有效性。企业还需要密切关注保险合同的条款和保障范围，了解保险的理赔流程和条件，确保在需要时能够顺利获得保险赔付。

综上所述，风险保险是民营企业行政管理的风险防范中的重要方面。通过购买适当的保险产品，企业可以降低财务风险，提高信誉和竞争力，规避法律风险，保障企业的稳健运营。在选择和购买保险时，企业需要根据自身情况进行认真评估，确保保险保障的准确性和有效性。

（十）多元化经营

民营企业在行政管理中，多元化经营是一种重要的风险应对政策。多元化经营是指企业在经营过程中不依赖于单一产业或单一产品，而是通过拓展多个不同领域的业务，实现经营上的多样化和分散化。这样的策略有助于降低企业面临的单一业务风险，提高企业的适应性和韧性。首先，多元化经营可以降低企业的市场风险。在单一业务的情况下，企业可能会受到市场波动和行业周期的影响，从而面临较大的市场风险。通过多元化经营，企业可以将风险分散到不同的产业和领域，减少对单一市场的依赖，降低市场风险带来的影响。其次，多元化经营可以减轻企业的供应链风险。在单一供应链的情况下，如果供应链中的某个环节出现问题，可能会导致整个生产和供货链条受到影响。通过拓展多个供应链，企业可以在一个供应链出现问题时，快速转移资源和供应来源，降低供应链风险。然后，多元化经营还可以提高企业的抗风险能力。在面对不同类型的风险时，企业可以通过不同业务领域的互补和平衡来分散和减轻风险的冲击。一部分业务受到影响时，其他业务仍可以继续运作，有利于企业的稳健发展。多元化经营也可以提高企业的创新能力。在多个业务领域中，企业可以借鉴不同行业的经验和技术，推动创新和技术升级，为企业带来更多增长机会。然而，多元化经营也需要谨慎考虑。企业在拓展多元化经营时，需要对不同业务领域进行充分的市场调研和风险评估，确保有足够的资源和能力支持新业务的发展。最后，多元化经营也可能增加企业的管理复杂性，需要企业具备较强的管理和运营能力。

综上所述，多元化经营是民营企业行政管理的一种重要风险应对政策。通过拓展多个业务领域，降低市场风险和供应链风险，提高抗风险能力和创新能力，企业可以更好地应对各类风险，实现稳健和可持续的发展。然而，多元化经营也需要谨慎考虑，确保有足够的资源和管理能力支持新业务的发展。

第八章

民营企业行政管理的案例研究

第一节 民营企业行政管理的成功案例分析

阿里巴巴是中国著名的互联网公司，由马云于 1999 年创立。该公司起初是一个 B2B 电子商务平台，随着时间的推移，它发展成为一家综合性的互联网企业，涵盖电子商务、金融科技、云计算、数字媒体等多个领域。以下对阿里巴巴集团的一些行政管理成功案例进行分析。

（一）价值观和企业文化

阿里巴巴的行政管理成功部分地归功于其坚定的价值观和积极向上的企业文化。阿里巴巴始终把客户放在首位，以客户为中心，不断满足客户需求，提供优质的产品和服务。他们鼓励员工保持敬业和诚信，以积极的态度对待工作和客户，强调诚信的重要性，建立了良好的企业信誉和品牌形象。阿里巴巴追求卓越，认为优秀的人才是企业最宝贵的财富。因此，他们致力于吸引、培养和激励人才，为员工提供良好的职业发展和晋升机会。同时，阿里巴巴坚信创新是企业持续发展的动力，鼓励员工提出新的想法和解决方案，并支持创新项目的实施。合作共赢是阿里巴巴的核心价值观之一，他们与合作伙伴和供应商建立长期稳固的合作关系，共同推动业务的发展。此外，阿里巴巴采用扁平化的组织结构，鼓励开放式的沟通和合作，促进了信息的流通和决策的迅速实施。阿里巴巴非常注重履行社会责任，通过多个公益项目和慈善活动回馈社会，同时推动绿色环保和可持续发展。这种积极向上、富有活力和有创造力的企业文化使阿里巴巴能够吸引并留住优秀的人才，激发员工的工作热情和创造力，推动企业持续健康发展。同时，这些价值观和文化也为阿里巴巴在市场竞争中树立了良好的声誉，增强了客户和合作伙伴的信任和支持。

（二）人才培养和激励

阿里巴巴的行政管理成功得益于其出色的人才培养和激励策略。作为一家以创新和技术为核心的企业，阿里巴巴一直致力于吸引、培养和留住优秀的人才，为其持续发展提供强大的人才支持。首先，阿里巴巴注重人才招聘，对于每个职位，都非常重视找到适合的人才。公司不仅着眼于候选人的专业技能，还看重其团队合作能力、适应能力和文化匹配度，这有助于确保招聘到与企业文化相契合的人才，为公司的长期发展打下坚实基础。其次，阿里巴巴积极开展内部培训和发展计划。公司鼓励员工参与各种培训项目，提升他们的技能和知识水平。此外，阿里巴巴还鼓励员工在不同业务部门之间进行交流和轮岗，促进跨领域的学习和成长。阿里巴巴还重视激励和奖励措施。公司设立了一系列激励计划，包括薪酬激励、股权激励、绩效奖金等以及晋升机会和职业发展规划。这些激励措施激发了员工的积极性和创造力，推动他们在工作中发挥最佳水平。除了物质激励，阿里巴巴还非常注重员工的精神激励。公司鼓励员工的出色表现，并在内部推崇优秀员工的成功故事。这种文化有助于营造积极向上的工作氛围，让员工感受到自己的价值和成就。总体而言，阿里巴巴在人才培养和激励方面的成功策略，为企业的创新和发展提供了坚实的支持。通过招聘适合的人才、积极开展培训和发展、设立多样化的激励措施以及重视精神激励，阿里巴巴不仅吸引了优秀的人才，而且激发了员工的潜力，使其成为公司成功的重要推动力。

（三）扁平化管理结构

阿里巴巴在行政管理方面的成功之一是采用了扁平化的管理结构。传统的垂直管理结构往往存在决策层级多、信息传递慢等问题，影响企业的反应速度和创新能力。为了应对这些挑战，阿里巴巴选择了扁平化管理模式，推崇开放式的组织架构和沟通渠道。在阿里巴巴内部，决策权下放，员工有更多的自主权和决策权。这使得信息可以更快速地在各个部门和团队之间流通，从而加快了问题的解决和决策的执行。扁平化结构还鼓励员工之间的合作和沟通，打破传统组织架构中的壁垒，促进了知识和经验的共享。此外，阿里巴巴的高层管理人员通常保持开放的心态，愿意倾听来自员工和下属的建议和意见。这种开放式的文化使得员工更加愿意参与公司的决策过程，并对公司的未来发展感到更有归属感。扁平化管理还有助于培养创新的企业文化，员工在这样的管理结构下更容易提出新的想法和解决方案，更勇于尝试和创新。这种文化促进了公司的不断进步和创新，使阿里巴巴能够在竞争激烈的市场中保持领先地位。总的来说，阿里巴巴成功地运用了扁平化的管理结构，通过下放决策权和鼓励开放的沟通文化，实现了更高效的组织运作和更强大的创新能力。这种管理模式有助于吸引和留住优秀的人才，激发员工的积极性和创造力，为阿里巴巴持续的发展提供了有力支持。

（四）鼓励创新

阿里巴巴的行政管理成功在于其持续不断地鼓励创新。作为一家以技术和创新为核心的企业，阿里巴巴深知创新是持续成功的关键，因此，他们采取了多种措施来鼓励和推动创新。首先，阿里巴巴鼓励员工提出新的想法和解决方案。公司积极鼓励员工参与创新项目，鼓励他们大胆尝试新的理念和方法。不论是对现有业务的改进还是全新的创意，阿里巴巴都欢迎员工积极参与创新实践。其次，阿里巴巴成立了一个专门的创新中心，致力于支持和推进创新项目的发展。这个中心为员工提供了一个创新的平台，可以与其他同样充满创意的人员一起合作，共同探索新的商业机会和技术解决方案。阿里巴巴还注重打破传统的思维定式，鼓励员工挑战常规，寻求非传统的解决方案。公司创始人马云也常常强调要打破常规，他认为在创新中要敢于闯入没有人涉足的领域，去探索新的商业机会。此外，阿里巴巴还鼓励跨部门的合作和知识分享，以促进创新的跨领域融合。公司认识到创新往往来自不同领域的结合和碰撞，因此他们鼓励员工之间开展交流和合作，促进知识的共享和技术的交叉应用。总的来说，阿里巴巴在行政管理方面的成功源于其持续鼓励创新的文化。通过积极鼓励员工的创新思维、成立创新中心、打破常规、促进跨领域合作，阿里巴巴创造了一个激励创新的环境，使得员工可以充分发挥他们的创造力和想象力，推动公司持续不断地取得成功。

（五）社会责任

阿里巴巴在行政管理方面的成功之一是对社会责任的高度重视。作为一家全球知名企业，阿里巴巴深知其在社会中的影响力和责任。因此，公司将社会责任融入企业的战略和运营中，并积极参与各种社会公益和慈善活动。首先，阿里巴巴积极推动绿色环保和可持续发展。公司关注环境保护，致力于降低自身的环境影响。他们推动节能减排和资源循环利用，倡导绿色包装和绿色物流，努力减少对环境的负面影响。其次，阿里巴巴参与了多个公益项目和慈善捐赠。公司设立了"阿里巴巴扶贫基金"和"蚂蚁公益"等慈善基金，用于帮助贫困地区的发展和教育支持。此外，阿里巴巴还积极支持灾区救助和其他社会公益事业，为社会发展作出了积极贡献。阿里巴巴还在数字经济和数字化能力方面发挥了积极作用。公司致力于推动数字化技术的普及和应用，帮助中小企业和农村地区提升数字化水平，推动数字经济的发展，促进社会的普惠性增长。总体而言，阿里巴巴在行政管理方面的成功得益于其对社会责任的高度重视。通过积极参与环保和可持续发展、设立慈善基金、支持灾区救助和推动数字化能力的普及，阿里巴巴树立了一个积极向上、社会责任感强烈的企业形象。这种社会责任意识不仅赢得了公众的认可和支持，还促进了企业的可持续发展和长远成功。

第二节　民营企业行政管理的失败案例分析

一个经典的民营企业行政管理的失败案例是英国的 Thomas Cook Group。Thomas Cook Group 是一家成立于 19 世纪的著名旅游公司，长期以来在旅游行业拥有领先地位。然而，随着时间的推移，该公司在行政管理方面出现了一系列问题，最终导致了破产。

（一）落后的经营模式

Thomas Cook Group 是一家有着悠久历史的旅游公司，在近年来却因其行政管理的失败而闻名。该公司的失败部分归因于其落后的经营模式。长期以来，Thomas Cook Group 一直采用传统的线下经营模式，主要依靠实体门店和传统旅行社渠道来销售旅游产品。然而，随着互联网和数字化技术的迅猛发展，旅游行业发生了巨大的变革。在线旅游平台的兴起和数字化技术的普及使得消费者可以更便捷地搜索和预订旅游产品，而不再依赖传统的旅行社。相比之下，Thomas Cook Group 的线下经营模式显得过于陈旧和不适应当今市场的需求。由于落后的经营模式，Thomas Cook Group 逐渐失去了竞争优势。消费者越来越倾向于在线预订，导致公司的实体门店业务逐渐萎缩，而且线下经营模式也增加了公司的运营成本，包括店面租金、员工工资等，进一步加剧了公司的财务压力。此外，由于没有及时转型和采用新的技术手段，Thomas

Cook Group 在数字化营销方面也显得相对滞后。与此同时，一些新兴的在线旅游平台迅速崛起，吸引了越来越多的消费者和投资，而 Thomas Cook Group 未能及时抓住这一机遇，使得市场份额逐渐减少。

综上所述，Thomas Cook Group 的行政管理失败主要源于其落后的经营模式、未能及时转型和适应市场的变化导致公司在竞争激烈的旅游行业中失去了优势，最终导致了破产。这个失败案例提醒其他企业要密切关注市场发展，不断创新和转型以适应时代的变化，保持竞争优势并确保长期的可持续发展。

（二）缺乏战略规划

Thomas Cook Group 行政管理失败的一个关键原因是缺乏战略规划。在面对不断变化的市场环境和竞争压力时，公司未能制定有效的战略规划，导致其在行业竞争中逐渐失去优势。缺乏战略规划导致 Thomas Cook Group 在关键时刻未能明确企业的愿景和发展方向。公司在业务拓展、产品创新和市场定位等方面没有明确的目标和计划，缺乏长远的发展战略，这使得公司难以应对市场的变化和竞争对手的挑战，错失了许多机会。此外，缺乏战略规划也导致了资源的浪费和分散。公司可能投入大量资源在一些没有明确战略意义的项目上，而忽视了一些潜在的增长领域，这使得公司无法充分发挥其资源优势，影响了整体的业绩表现。另外，缺乏战略规划也导致了公司内部的协调和合作出现问题。如果各部门和团队没有明确的共同目标和战略方向，可能会出现各自为政的现象，影响整个公司的运作效率和协调性。总的来说，Thomas Cook Group 的行政管理失败在很大程度上是由于缺乏战略规划、没有明确的愿景和发展方向，导致了资源的浪费、市场机会的错失以及内部协调问题的出现。这个失败案例提醒其他企业要重视战略规划，及时制订明确的发展目标和计划，以应对市场的变化和保持竞争优势。

（三）财务管理不善

Thomas Cook Group 的行政管理失败的另一个重要原因是财务管理不善。长期以来，公司在财务方面存在一系列问题，包括高额的负债、资金链紧张和不合理的财务结构。首先，Thomas Cook Group 长期以来依赖短期借贷来维持经营。由于公司面临激烈的竞争和市场压力，为了扩大业务和投资，公司倾向于通过借款来获得资金。然而，过度依赖短期借贷使得公司的负债率居高不下，增加了公司的财务风险。其次，公司的资金链紧张。由于高额的负债和不合理的财务结构，公司在支付利息和债务偿还方面面临较大压力。在面临资金周转困难时，公司难以及时满足供应商和员工的支付需求，影响了公司的正常运营。此外，Thomas Cook Group 在企业扩张和投资决策上也存在一定的盲目性。公司在过去的一段时间里进行了一系列的收购和合并，但并没有产生预期的增长效益。这些收购活动导致了大量的资金流出，加重了公司的财务压力。财务管理不善也导致了公司的现金流问题。由于没有合理的财务计划和资金管理，公司在现金流管理上存在困难，难以保持稳健的资金流动。综上所述，Thomas Cook Group 的行政管理失败在很大程度上归因于财务管理不善。高额的负债、资金链紧张和不合理的财务结构导致了公司的财务风险增加，使其难以应对市场竞争和压力。这个失败案例提醒其他企业要重视财务管理，建立合理的财务结构和资金管理体系，以确保公司的财务健康和可持续发展。

（四）企业文化问题

Thomas Cook Group 的行政管理失败还涉及企业文化问题。公司的企业文化在很大程度上影响了员工的态度、价值观和行为，而 Thomas Cook Group 的企业文化问题在一定程度上导致了其衰落。首先，Thomas Cook Group 的企业文化缺乏以客户为中心的理念。随着时间的推移，公司开始过度关注内部运营和成本控制，而忽视了对客户需求的关注，这使得公司失去了与客户建立紧密合作关系的机会，导致了客户满意度的下降。其次，公司内部存在管理层与员工之间的沟通不畅和决策执行问题。管理层往往未能及时有效地与员工沟通公司的战略和目标，使得员工缺乏明确的方向和目标，这可能导致员工的士气下降，工作效率低下，影响了公司的整体绩效。另外，Thomas Cook Group 的企业文化缺乏创新和积极进取的精神。在面对激烈的市场竞争和不断变化的行业环境时，公司未能鼓励员工提出新的想法和创新方案。这限制了公司的创新能力，使得公司难以应对市场的挑战和机遇。此外，公司的企业文化也未能充分激励员工的积极性和责任感。缺乏明确的激励机制和奖励制度，可能导致员工缺乏动力和对公司的认同感，这使得公司难以吸引和留住优秀的人才，影响了公司的人才储备和竞争力。综上所述，Thomas Cook Group 的行政管理失败涉及企业文化问题，缺乏以客户为中心的理念、管理层与员工之间的沟通不畅、缺乏创新精神以及缺乏有效的激励机制等问题都影响了公司的运营和绩效。这个失败案例提醒其他企业要重视企业文化的建设，鼓励创新和积极进取的精神，加强与员工的沟通，建立有效的激励机制，以提升公司的竞争力和可持续发展能力。

（五）市场营销失误

Thomas Cook Group 的行政管理失败中，市场营销失误是一个重要的因素。长期以来，公司在市场营销方面存在一系列问题，导致其未能有效应对市场竞争和满足消费者需求。首先，Thomas Cook Group 在面对市场变化和新兴竞争对手时未能灵活应对。随着互联网和数字化技术的快速发展，消费者的购买行为和偏好发生了巨大变化。然而，Thomas Cook Group 未能及时调整其市场营销策略，继续依赖传统的线下渠道和营销手段，这使得公司在吸引新的消费者和拓展新市场方面失去了竞争优势。其次，公司的品牌定位和市场定位不够明确。由于缺乏明确的品牌价值和市场定位，Thomas Cook Group 在市场上的形象显得模糊和不具吸引力。相比之下，一些新兴的在线旅游平台通过清晰的品牌定位和差异化的营销策略吸引了大量的消费者，使得 Thomas Cook Group 逐渐失去了市场份额。另外，Thomas Cook Group 在数字化营销方面也相对滞后。虽然互联网和社交媒体等数字化平台在旅游行业的营销中发挥着越来越重要的作用，但 Thomas Cook Group 未能充分利用这些渠道来推广和宣传自己的产品和服务，这使得公司在数字时代的市场竞争中处于不利地位。此外，公司在产品创新方面也存在一定的问题。随着市场需求的不断变化，消费者对旅游产品和体验有了新的要求。然而，Thomas Cook Group 未能及时推出符合消费者需求的新产品，使得公司的产品线相对单一，难以满足多样化的市场需求。综上所述，Thomas Cook Group 的行政管理失败在很大程度上归因于市场营销失误，未能灵活应对市场变化、品牌定位不够明确、数字化营销滞后以及产品创新不足等问题，使得公司在市场竞争中逐渐失去了优势。这个失败案例提醒其他企业要密切关注市场的变化和消费者需求，制定清晰的品牌和市场定位，充分利用数字化营销渠道，不断创新和满足多样化的市场需求，以保持竞争优势并实现长期的可持续发展。

第三节　民营企业行政管理的经验总结和启示

民营企业行政管理的成功经验总结如下：第一，灵活应对市场变化是至关重要的。民营企业应时刻关注市场的变化和消费者的需求，及时调整经营策略和市场营销手段，以适应竞争激烈的市场环境。第二，制定明确的战略规划对于企业的成功至关重要。成功的民营企业通常有清晰的发展战略和目标，制定长期规划，并将其融入企业的日常经营中，以指导企业持续发展。第三，建立健全的财务管理体系是确保企业稳健运营的关键。民营企业应该注重财务管理，合理规划资金使用，降低财务风险，避免过度依赖借贷和高额负债。第四，培养积极创新的企业文化是推动企业持续发展的重要动力。建立积极创新的企业文化，鼓励员工提出新的想法和解决方案，推动公司不断进步和创新。第五，关注社会责任是树立良好企业形象的必要条件。民营企业应该关注社会责任，积极参与公益事业和环保活动，增强社会认可和支持。第六，激励人才发展是保持企业竞争力的关键。民营企业应该重视人才培养和激励，建立合理的激励机制，吸引和留住优秀的人才，为企业的长期发展提供有力支持。第七，优化管理结构是提高企业效率和反应速度的关键。采用扁平化的管理结构，下放决策权，促进员工的自主权和决策权，加快信息流通和问题解决的速度。第八，保持创新意识是保持企业竞争优势的重要手段。民营企业要始终保持创新意识，不断探索新的商业机会和发展路径，保持市场竞争的优势。

综上所述，民营企业在行政管理方面的成功经验，包括灵活应对市场变化、明确的战略规划、健全的财务管理、积极创新的企业文化、关注社会责任、激励人才发展、优化管理结构和保持创新意识，这些经验对其他企业具有重要的启示和借鉴价值，有助于提升企业的竞争力和实现长期的可持续发展。

参考文献

［1］中共中央宣传部宣传教育局．2021 最美基层民警［M］．上海：学习出版社，2023.

［2］钱丽华．慈善捐赠与企业绩效［M］．南京：南京大学出版社，2022.

［3］周艳．长江经济带土地市场与城市建设用地扩张［M］．南京：南京大学出版社，2022.

［4］卜宇，丁和根．县级融媒体中心建设［M］．南京：南京大学出版社，2022.

［5］朱军，吴健．中国税制［M］．南京：南京大学出版社，2022.

［6］潘静．思想政治教育视域下志愿者精神研究［M］．上海：学习出版社，2022.

［7］余闯，施星君．创新与突破［M］．上海：上海社会科学院出版社，2022.

［8］王亚南．审视与超越［M］．上海：上海社会科学院出版社，2022.

［9］袁成．商业保险的功能演进与中国经济社会高质量发展［M］．南京：南京大学出版社，2022.

［10］周武．以中国为方法［M］．上海：上海社会科学院出版社，2022.

［11］蔡静，吴维俊．"双创"时代大学生创业法治素养的提升［M］．太原：山西经济出版社，2022.

［12］《社会主义现代化国际大都市生态环境治理的探索与实践》编写组．人与自然和谐共生的美丽上海［M］．上海：上海社会科学院出版社，2022.

［13］杜发春，李鹏飞，唐小松，等．中国加拿大研究四十年［M］．上海：上海社会科学院出版社，2022.

［14］中共中央宣传部文化体制改革和发展办公室．新时代文化改革发展案例选编［M］．上海：学习出版社，2022.

［15］中国思想政治工作研究会．加强和改进思想政治工作［M］．上海：学习出版社，2022.

［16］郭之文，符振宇，朱炜．全媒体采编实务［M］．南京：南京大学出版社，2022.

［17］马宗伟，高海龙，刘烨彤，等．江苏省太湖流域排污许可绩效评估与制度融合研究［M］．南京：南京大学出版社，2022.

［18］马宗伟，祁玲玲，黄琴，等．太湖流域水生态环境功能分区管理绩效评估研究［M］．南京：南京大学出版社，2022.

［19］蒋亦华，刘国艳．评价与改进：新世纪我国乡村教师政策研究［M］．南京：南京大学出版社，2022.

［20］赵曙明．中国企业雇佣关系研究［M］．南京：南京大学出版社，2022.